Rudolf Schramm · So ruf ich dich zu Gottes Ehr

Läute, Glocke, läute Frieden,
Läute Ruh' in jedes Herz.
Endet einst mein Tag hienieden,
Läute du mich heimatwärts.
Glockeninschrift
von Möckers in Thüringen
aus dem Jahre 1888

So ruf ich dich zu Gottes Ehr

Glocken
und Glockenbräuche
im Spiegel der Sage

gesammelt und bearbeitet
von
Rudolf Schramm

Evangelische
Verlagsanstalt
Berlin

Schrifttum der Pressestelle
der Evangelisch-Lutherischen Kirche
in Thüringen

ISBN 3-374-00540-3

Vorwort

Die Kirchenglocke begleitet uns mit ihrem Geläut durch das Leben. Zahlreiche Sagen, Märchen und Legenden sowie ein ausgedehntes Brauchtum befassen sich mit ihr. Unsere Voreltern sahen sie als etwas Besonderes an, trauten ihr Eigenschaften eines lebendigen Wesens und übernatürliche Kräfte zu.

Glockengießer wurden wegen ihrer Kunstfertigkeit bewundert. Daß der Erfolg ihrer Arbeit außer von Gottes Segen ausschließlich von der Tüchtigkeit und der Genauigkeit sowie der Beschaffenheit des Materials abhängt, schien unseren Vorfahren zu wenig. Sie umrankten den Guß mit Geheimnissen und schufen so zahlreiche Sagen.

Wie einem lebenden Wesen teilte das Volk der Glocke Feinde zu, die sie an der Ausübung ihrer Verkündigungsaufgaben zu hindern versuchen. Es erkannte aber auch sehr genau die wirklichen Feinde der Glocke, die gleichzeitig seine wahren Feinde waren: Jene Kriegsmänner, die es bei ihren Raubzügen ausplünderten und dabei auch die Glocken raubten, um aus ihnen Gewinn zu schlagen oder aus dem Metall Kanonen zu gießen. Mit diesen sehr realen Feinden setzen sich viele Sagen auseinander. Die Erkenntnis, daß der Bauersmann das wieder gutmachen muß, was der Kriegsmann verdorben hat, widerspiegelt sich in den Sagen, in denen einfache Menschen Glocken finden und ihrem eigentlichen Zweck zuführen. Dem Appell Jesu »Werdet wie die Kinder!« verdeutlichen die Sagen, in denen es Kindern möglich ist, Glocken mit Leichtigkeit aus ihrem Versteck zu ziehen, während kräftige Männer und Hebezeuge versagen. Die Verkündigung des Evangeliums von der Kraft der Schwachen findet sich auch in den Berichten über den Abtransport gefundener Glocken. Da bestimmt nicht die Stärke der Zugtiere, in welches Dorf eine Glocke kommt. Was Gott entschieden hat, kann der Mensch auch unter größtem Kraftaufwand nicht ändern.

Das Gebiet der Deutschen Demokratischen Republik ist geschichtsträchtig. Darum ist es kein Wunder, daß es hier auch viele Glockensagen gibt. Das vorliegende Buch bietet eine Auswahl davon. Zum besseren Verständnis mögen der volkskundliche Anhang und die zahlreichen Anmerkungen dienen. Sie helfen demjenigen, der sich weiterführend mit dem Stoff beschäftigen will.

Bei aller angestrebten Sachlichkeit wollen wir aber nicht vergessen, daß eine Sage vor allem mit dem Herzen begriffen sein will. Manch eine Glockensage wirkt auf den ersten Blick für unsere Maßstäbe banal oder naiv. Wer zwischen den Zeilen zu lesen vermag, findet aber oftmals manche wertvolle Wahrheit. Auf diese kommt es vor allem an. Mit ihrer Hilfe öffnet sich uns der Hort der Lebenserfahrungen, die Generationen einfacher Menschen sammeln konnten und die für uns eine Brücke sind vom Gestern zum Heute, von unseren Voreltern zu uns. Sie helfen uns verdeutlichen, wie Gottes Walten in Jesus Christus von Generation zu Generation fortwirkt. So sind die Glockensagen auch ein Stück Verkündigung, wenn wir uns nur bemühen, das Anliegen derer verstehen zu lernen, die sie vor langer Zeit zum ersten Male erzählten.

Dietrich Kühn

Der Autor dankt den zahlreichen kirchlichen Ämtern und Dienststellen für Auskünfte zur Interpretation kirchengeschichtlicher Ortssagen, wie sie in den Anmerkungen ihren Niederschlag finden. Ferner gebührt sein Dank Herrn Dipl. Bibl. Beran, dem Leiter der Stadt- und Kreisbibliothek Greiz, und seinen Mitarbeiterinnen sowie Herrn Günther Hummel, Neumark/Sa., für Hinweise und Überlassung von einschlägiger Literatur.

gloriosa

I Von Glockengießern und Silberglocken

1 Ein gelungener Glockenguß und seine Kosten

Als der berühmte holländische Glockengießer Gerhard van Wou 1497 mit vier seiner Gesellen und Diener, von Neuß kommend, in Erfurt eintraf, um die drei Glocken »Gloriosa« und »Osanna« des Doms und »Vincentia« der Severikirche zu gießen, verweilte er mit seinen Leuten vom 16. Mai bis 25. August bei freier Beköstigung in der Stadt. Zu den Mahlzeiten gab es dreierlei Art von Fleisch, an Getränken nicht nur Einbecker Bier, sondern auch auserlesene Weine. Die Zehrungskosten in der ersten Hälfte des fast fünfzehnwöchigen Aufenthalts betrugen 67 Schock, 27 alte Groschen und zweieinhalb Pfennige.

Für den Guß der beiden Domglocken im Gewicht von 275 und 80 Zentnern erhielt der Meister 400 rheinische und vier ungarische Goldgulden, das sind rund 2916 Goldmark, und 15 Goldgulden Vergütung für die Herreise. Die Gehilfen erhielten 12 Goldgulden Trinkgeld. Ende des vorigen Jahrhunderts ermittelte man die Gesamtkosten aus den alten Unterlagen mit 18 157 Goldmark, wobei ein Teil Metall alter Glocken mit verwendet wurde.

Die »Gloriosa« war damit innerhalb zweier Jahrzehnte zum zweiten Male gegossen worden. Im Jahre 1477 hatte ein Mühlhäuser Meister die Arbeit in Angriff genommen. Diese Glocke zersprang nach kurzer Zeit.

Der Chronist schreibt: »Vnd als man die glocken goß / nachmittags vmme drye stunde / da begrub man den Meister / der die forme und ore vnd alle dingk gemacht hatte / er hatte auch vor hin lange gekrancket. Etliche sprachen / ome were vorgeben (= vergeben) von den glockengissern zu Erffort die worn sere gram vmme sinner kunst willen vnd was (= war) noch ein junger man.«

Neid, Mißgunst und Aberglauben erschwerten den auswärtigen Glockengießern die Arbeit.

Die Sage berichtet, der Augustinermönch Johann von Dorsten habe in einer Predigt davor gewarnt, die »Gloriosa« an der geweihten Stelle zwischen Dom und Severikirche zu gießen, weil das die Ruhe der dort begrabenen Heiligen störe. Als man jedoch ungeachtet dessen mit den Arbeiten fortfuhr, seien sowohl der Glockengießer als auch der Bauherr des Stifts gestorben und die Glocke »Gloriosa« gesprungen, so daß sie 1497 umgegossen werden mußte.

2 Das verachtete Scherflein der Witwe

In einer Stadt, deren Namen die Sage nicht zu nennen weiß, wurde einst ein stolzes Münster erbaut. Der Bischof forderte die Gläubigen auf, Opfergaben für den Guß einer Glocke zu spenden.

Da brachte auch eine arme Witwe einen einzigen abgegriffenen Silberpfennig. Der war ihr ganzes Vermögen. Ein anmaßender Priester nahm das Opfer mit geringschätziger Miene entgegen. Kaum hatte die alte Frau den Raum verlassen, warf er die Münze mit den Worten aus dem Fenster: »Ein Bettelpfennig vom Bettelvolk. Was soll die elende Gabe zum Guß unserer Glocke taugen?«

Der Guß schien gelungen. Zum bevorstehenden Osterfest sollte die Glocke zum ersten Male erklingen. Doch sie gab nur einen dumpfen Ton von sich und verstummte dann ganz. Niemand wußte eine Erklärung, denn sie war nach den Regeln der Kunst und makellos gegossen worden. Der Bischof flehte Gott an, ihm die Ursache des Mißgeschicks anzuzeigen. Da offenbarte ihm eines Nachts ein Engel im Traum, wie übel einer seiner Priester am Geschenk der Witwe gehandelt habe. Anderntags ließ der Bischof diesen zu sich kommen, befragte ihn und strafte ihn mit gestrengen Worten. Anschließend gingen beide in den Garten und suchten, bis sie das verschmähte Geldstück gefunden hatten.

Unter Beigabe dieses Scherfleins ließ der Bischof die Glocke noch einmal gießen, und bald schallte ihr Klang hell über die Dächer der Stadt.

3 Wie die große Glocke des Zwickauer Doms ihre Stimmung bekam

Am 12. Juli des Jahres 1512 sprang die große Glocke auf dem Turm der Zwickauer Marienkirche, des heutigen Doms. Wegen eines schrecklichen Gewitters mußte sie von acht Uhr abends bis vier Uhr morgens tönen. Dieser Belastung war sie erlegen.

Der Glockengießer, der sie umgoß, fragte, welchen Ton er ihr geben solle. Kurz vor dem Guß bereitete er ein Pulver und warf es in die Schmelze. Davon bekam die Glocke den von den Ratsherren gewünschten Ton, das große C.

4 Die Löwen auf der Berliner Parochialkirche

Im Turm der Parochialkirche zu Berlin hing ein schönes Glockenspiel. Jede Stunde erklang es. Die an den vier Turmecken angebrachten Bronzelöwen brüllten dazu. Der Magistrat wollte nicht, daß noch ein zweites derartiges Kunstwerk entstehe. So ließ er dem Meister, der es gefertigt hatte, die Augen ausstechen. Da bat dieser, man möge ihn noch einmal auf den Turm führen. Oben in der Glockenstube drehte er an einer Schraube. Seitdem verstummten die Löwen, und niemand vermochte sie wieder zum Brüllen zu bringen.

5 Die Kreuzsteine von Udersleben

Ein Glockengießer hatte einst den Auftrag erhalten, in der Flur von Udersleben, nordwestlich vom Dorfe, am Berge eine Glocke zu gießen. Der erste Guß mißlang. Während der Vorbereitungen zum zweiten Guß mußte der Meister noch einmal nach Frankenhausen gehen. Der Lehrjunge bewachte einstweilen den Schmelzofen. Der Bursche konnte der Versuchung nicht widerstehen, den Guß zu wagen. Entgegen den Anweisungen des Meisters leitete er das Erz in die Form, und das Werk gelang.

Als der Meister zurückkam und sah, daß der Lehrling gegen seinen Befehl gehandelt hatte, erschoß er ihn. Der Geselle aber, der Zeuge des Mordes war, tötete zuerst den Meister und dann sich selbst. Zum Andenken an dieses Ereignis wurden drei Steinkreuze gesetzt.

6 Der Glockenguß zu Gaarz

Als die Gaarzer Kirchenglocken gegosssen werden sollten, kam der Meister damit nicht zu Rande. Er hatte einen Lehrling, einen klugen, geschickten Burschen. Der machte sich heimlich ans Werk und vollendete glücklich den Guß.

Alle lobten ihn wegen des gelungenen Werkes; doch im Meister nagte der Neid. Als die Glocke aufgehängt wurde, stieß er den Lehrjungen aus dem Schalloch, so daß dieser zerschmettert am Fuße des Turmes liegenblieb. Seitdem klagt die Gaarzer Glocke: »Schad is, bar is, dat de Lihrjung dod is!«

7 Der letzte Wunsch des Glockengießerlehrlings

Der Lehrling, der trotz Verbots die Glocke in Alten-Gaarz gegossen hatte, sollte hingerichtet werden. Als seine letzte Stunde schlug, bat er, man möge die Glocke noch einmal läuten. Da rief sie: »Schad is, pad is!« Wer aufmerksam hinhört, kann es auch heute noch deutlich vernehmen, wenn das herrliche Geläute über die See hallt.

8 Wie Gold in eine Saalfelder Glocke kam

Eine handgeschriebene Saalfelder Chronik enthält den Wortlaut folgender Sage:

Es war ein Goldschmied aus Venedig in unsere Landschaft gekommen, welcher aus etlichen Sandkörnlein und Steinlein, am Saalufer zusammengelesen und wohl zerstoßen, dessen sich niemand versehen, einen großen Goldklumpen geschmelzet. Als aber dieser Goldschmied unversehenerweise die weitläufige Reise hinter sich zu legen erwogen, hat er dasjenige Gold, von anderen Metallen und vermischten Unreinigkeiten unabgesondert, seinem Wirte auf ein halbes Jahr zur Verantwortung übergeben.

Indem aber dieser Goldschmied über versprochene Zeit länger außen blieb, hat der Wirt das hinterlassene Gold, Glocken zu gießen, als wenn es andere Glockenspeise sei, umsonst beigetragen, welche hiervon über die Maßen helllautend geklungen.

Als nun der Venediger wiedergekommen und das hinterlassene Gold wieder gefordert, hat sich hierüber ein Streit erhoben, der jedoch, als der Venediger vernommen, daß es an milde Sachen wäre verwendet worden, sich leichtlich stillen und begütigen lassen.

9 Kostbare Glockenspeise

Am 6. Dezember 1281 wurde die Glocke im Südturm der Kirche zu Divi Blasii in Mühlhausen gegossen.

Die Sage berichtet, daß nach Abschluß der Vorbereitungsarbeiten noch Metall zur Glockenspeise fehlte. Da erinnerten sich die Stadtväter daran, daß ihnen ein Ritter von Stein vor längerer Zeit eine Anzahl metallener Schüsseln zur Verwahrung übergeben hatte. Bei der Zerstörung von Raubritterburgen am Rhein war ihm eine reiche Beute an Silber zugefallen. Um diese auf dem Transport in seine Heimatstadt vor Raub zu schützen, hatte er sie zur Tarnung in zinnerne Schüsseln einschmelzen lassen.

Bei seiner Heimkehr forderte der Ritter die Herausgabe seines Eigentums und erfuhr von dessen Verwendungszweck. Der Ratsmeister bot ihm als Entschädigung lediglich den Wert des Zinns. Die Entrüstung des Mannes wandelte sich jedoch in Einverständnis, als er die Glocke läuten hörte und den Wohlklang bewundern konnte. Er verzichtete nun sogar auf das ausgezahlte Kaufgeld für das Zinn.

Ähnliches berichtet man vom Guß der 1345 fertiggestellten großen Glocke im Nordturm der gleichen Kirche. Hier soll es ein auswärtiger Kaufmann gewesen sein, der erst ungewollt und dann freudig sein Eigentum zum Glockenguß beisteuerte.

Von Arnswalde bei Frankfurt/Oder und aus Mecklenburg berichtet die Sage, daß ein altes Mütterchen versehentlich Gold zum Glockenguß gespendet habe, das sich dann als reifartiger Überzug außen an derselben abgelagert haben soll.

10 Ein märchenhafter Kaufpreis

In alten Zeiten war die große Glocke im Kirchturm zu Hohenleina wegen ihres Wohlklanges weit bekannt. Die Leipziger versuchten mehrmals, sie zu kaufen. Schließlich boten sie an, eine Zeile Taler von Leipzig bis Hohenleina als Kaufpreis zu legen. Diesem Angebot stimmten die Bauern zu.

Am Tage des Wegtransports begann es in Strömen zu regnen. Das Fuhrwerk blieb stecken, kurz vor dem Grenzrain auf Pöttitz zu rutschte die Glocke vom Wagen. Die Leipziger mußten alles liegenlassen.

Als sie nach einigen Tagen wiederkamen, war die Glocke versunken. Der Regen hatte alle Spuren verwaschen, und bald wußte niemand mehr etwas von der Geschichte. So liegt die Glocke noch heute irgendwo zwischen Hohenleina und Leipzig. Doch niemand weiß den Ort.

Den Bauern von Ottstedt am Berge bei Weimar wollte ein Erfurter Glockengießer für eine silberhaltige Glocke ein ganzes Geläute geben. Sie hatten sie auf den Feldern des wüsten Dorfes Arnstedt gefunden, als Schweine sie auswühlten.

Doch die Bauern lehnten das Ansinnen ab.

Seitdem ist sie verschwunden. Keiner weiß, wohin. Nach einer anderen Sage sei der Tausch zustandegekommen, oder man habe sie verkauft. Ihr Kaufpreis habe die Anschaffung des ganzen Geläutes auf dem Ottstedter Kirchturm ermöglicht.

11 Das silberne Glöcklein im Kloster Wimmelburg

Zum Bistum Halberstadt gehörte auch das Kloster Wimmelburg. Dort hing ein dem heiligen Cyriakus geweihtes Glöcklein. Es besaß wundertätige Kraft und heilte Wahnsinnige durch seinen silberhellen Klang.

Als Abt Nikolaus sein Amt antrat, erschrak er darüber, daß die Mönche dieses Klosters und das Volk dem Glöcklein abgöttische Verehrung zollten und darüber den dreieinigen Gott vergaßen.

Eines Tages wurde ein flämischer Edelmann, der unter Tobsucht litt, von diesem Klang auf wunderbare Weise geheilt. Er fiel auf die Knie und dankte dem Glöcklein.

Da entbrannte zwischen ihm und dem Abt Nikolaus ein Streit. Nikolaus forderte, er solle Gott Dank abstatten und nicht dessen Werkzeug. Doch der Edelmann lehnte ab: »Gott und alle Heiligen haben mir nicht geholfen, sondern allein die Stimme der Glocke!«

Da betete der fromme Klostervorsteher zum Herrn, er möge ein Zeichen setzen, das das abgöttische Tun unterbinde.

In der darauffolgenden Nacht entlud sich ein heftiges Unwetter über dem Kloster. Die Klosterglocken begannen von selbst zu läuten. Deutlich und kraftvoll tönte das Silberglöcklein mit. Da ließ ein Donnerschlag das Kloster erzittern. Die Glocken verstummten, plötzliche Stille trat ein. Die Mönche sahen nach, ob das Wetter Schaden angerichtet habe. Alles war unversehrt, doch das Cyriakusglöcklein konnte keiner mehr finden. Nur einzelne Silbertropfen kündeten von seinem Schicksal.

Da begriffen die Mönche den Willen Gottes. Den Edelmann aber hatte das Ereignis so im Innersten ergriffen, daß er um Aufnahme in das Kloster bat und einer der frömmsten Mönche wurde.

12 Die Sechsährenglocke zu Großlöbnitz

Die Gemeinde Großlöbnitz kam dereinst auf ungewöhnliche Weise zu einer zweiten Glocke. Lange Zeit hatte sie sich mit nur einer begnügen müssen.

Der Kantor des Dorfes, Gottfried Hay, entdeckte auf der Kirchhofsmauer ein Wunder der Natur: Ein einziger frisch grünender Kornhalm trug sechs Ähren. Dem klugen Schulmeister kam der Einfall, nach der Reife die davon stammenden Körner zu bergen. Sollten auch sie wieder so viel Frucht bringen, könnte sich das Dorf aus dem so entstehenden Reichtum eine zweite Glocke besorgen. Im folgenden Sommer stand im Schulgarten ein kleines Feld

sechsährigen Getreides. Nun war die Ernte so groß, daß der Kantor die Körner als Saatgut an die Bauern abgeben konnte.

Nach acht Jahren ergab die Aussaat der Wunderkörner eine so ertragreiche Ernte, daß aus ihrem Erlös mit einem geringen Zuschuß der Gemeinde die seit langem gewünschte Glocke am 15. Oktober 1729 auf den Turm gezogen werden konnte.

Der Glockengießer vermerkte die seltsame Geschichte in ehernen Lettern und schmückte den Mantel der Glocke mit einem sechsährigen Kornhalm.

II Von versunkenen und von wiedergefundenen Glocken

13 Glockenklänge aus Seen und Wällen

In altslawischen Burgwällen Mecklenburgs, so weiß es die Sage, läuten die Glocken meist am Johannistag, der in vielen slawischen Kultsagen des Landes als der eigentlich heilige Tag erscheint; so auf den Wällen in Brenz und im Krakower See, im Schloßberg in Fresendorf und auf dem Wall der »Jahnkenstadt« bei Kuhstorf. Vor allem sind es größere und kleinere Seen oder Tümpel, an deren Stelle einmal eine Stadt oder nur eine Kirche gestanden hat und deren Glockengeläut noch heute an gewissen Tagen zu hören sein soll.

Unter den Seen befinden sich viele, deren Umgebung auf Grund historischer Hinweise, Sagen oder Flurnamen als ehemalige slawische Kultstätten gelten, so die Lieps bei Rethra-Prillwitz, der Dambecker See, der Carwitzer See, der Schweriner See, der See in Behren-Lübchin, die Teufelsseen in Carlsruhe bei Ribnitz, in Thelkow, Tessin, Bad Sülze, bei Helmsdorf-Petschow, das Postmuur neben dem Swanzwit bei Canow-Malk-Göhren.

Am Johannistag sollen die Glocken im Granzendorfer See bei Walkendorf läuten, am Weihnachtsabend im See von Kirch Grambow, in der Neujahrsnacht im Teufelssee bei Sülze und in der Nacht zum Karfreitag im Schwarzen See bei der Hohen Burg und im Neustädter See.

Manche dieser Glocken gleichen verwunschenen Menschen, die zu bestimmten Zeiten das Licht der Sonne erblicken dürfen. Von den Glocken im See bei Petschow berichtet der Volksmund:

»In der Mitte des Sees steht das Wasser nicht still, das

küselt immer rundum; dort kann der Fischer nicht fischen. Dort soll die Glocke herausgekommen sein; sie meinten ja, daß dort das Heiligtum gestanden habe.« – »Petschow ist früher eine Seestadt gewesen, die ist im Düwelssee untergegangen. Die Glocken sind alle zu Johannistag herausgekommen und haben sich gesonnt. Eine hat Maria geheißen, die andere Magdalena. Magdalena ist dortgeblieben.«

Die Glocken im Heiligen See im heutigen Bezirk Potsdam stiegen ebenfalls am Johannistag empor und sprachen zueinander:

»Anne Susanne, wiste mit to Lanne?«

»Nimmemeh!«

Dann sanken sie, nachdem sie noch einmal angeschlagen, wieder in die Tiefe.

14 Vineta

In der Nähe des in zwei Sturmnächten der Jahre 1872 und 1874 vom Meer zerstörten Vorwerkes Damerow auf Usedom soll vor langer Zeit die reiche Stadt Vineta gelegen haben. Mauerwerk und Säulenreste in der See deuten noch darauf hin.

Hier herrschten dereinst Reichtum und Prunk. Kaufleute aus aller Herren Länder trieben Handel bis weit in den Orient. Durch zwölf eherne Stadttore flutete der Verkehr. Jeder Fremde durfte nach seinem Glauben leben, nur das Christentum war unerwünscht. Der Reichtum verführte die Bewohner zu Verschwendungssucht und Frevel. Sie beschlugen ihre Pferde mit silbernen und goldenen Hufeisen und achteten das Brot geringer als den Straßenschmutz.

Da sandte Gott sein Strafgericht in einem furchtbaren Novembersturm. Nur einem einzigen Mann gelang die Rettung auf einem schnellen Pferd. Im nahen Koserow stiftete er als Dank für seine Rettung das »Kreuz von Vineta«. Die Schätze der untergegangenen Stadt holten sich die Schweden von Gotland aus. Selbst die zentnerschweren Stadttore hoben sie vom Grunde des Meeres und schafften sie fort.

Wem beschieden ist, Wunderbares zu erleben, kann zuweilen dort auf dem Meere noch die Glocken der Stadt Vineta läuten hören. Auf dem Meeresgrunde zeigt sich zu dieser Zeit reges Leben. Seltsame Gestalten in langen Gewändern wandeln auf den Straßen, fahren in goldenen Karossen oder reiten auf schwarzen Pferden. Alle hundert Jahre taucht von Karfreitag bis Ostersonntag in nächtlicher Stunde die Stadt aus den Fluten auf und hofft auf Erlösung durch ein Sonntagskind, das an diesen Tagen Geburtstag feiert. Der Bann wird sich aber nur lösen, wenn Vineta durch die Tat erkennen läßt, daß es bereit ist, sein gottloses Handeln zu bereuen.

Wehe dem Fischerboot, das zu dieser Zeit in die Nähe kommt. Die Wellen werden es an den Felsen zerschmettern.

Aus des Meeres tiefem, tiefem Grunde
Klingen Abendglocken dumpf und matt,
Uns zu geben wunderbare Kunde
Von der schönen, alten Wunderstadt.

In der Fluten Schoß hinabgesunken
Blieben unten ihre Trümmer steh'n.
Ihre Zinnen lassen gold'ne Funken
Widerscheinend auf dem Spiegel seh'n.

Und der Fischer, der den Zauberschimmer
Einmal sah im hellen Morgenrot,
Nach derselben Stelle schifft er immer,
Ob auch ringsumher die Klippe droht.

Aus des Herzens tiefem, tiefem Grunde
Klingt es mir wie Glocken dumpf und matt.
Ach, sie geben wunderbare Kunde
Von der Liebe, die geliebt es hat.

Eine schöne Welt ist da versunken,
Ihre Trümmer blieben unten steh'n,
Lassen sich als gold'ne Himmelsfunken
Oft im Spiegel meiner Träume seh'n.

Und dann möcht' ich tauchen in die Tiefen,
Mich versenken in den Widerschein,
Und mir ist, als ob mich Engel riefen
In die alte Wunderstadt hinein.

Wilhelm Müller (1794–1827)

15 Die Waschjungfer von Zudar

Die Seejungfern sind überall auf der Insel Rügen heimisch. Besonders gern aber halten sie sich an der Küste von Zudar auf. In schönen Sommernächten tauchen sie aus dem Wasser empor und führen am Ufer ihre Reigentänze auf. Niemand hat sie bisher aus der Nähe gesehen, weil der Nebel, das Gewand der Seejungfrauen, neugierigen Augen den Blick verwehrt. Es heißt, das sei auch gut so, denn wer einmal eine Seejungfer ganz aus der Nähe gesehen habe, müsse ihr ins Meer folgen.

In der Johannisnacht erscheint jährlich an der Küste der Halbinsel Zudar eine solche Nixe und wäscht dort ihre Wäsche. Sie heißt darum die Waschjungfer. Jeder kann hören, wie sie mit dem Waschholz auf die nassen Kleider klopft. Dies ist ein schauerliches Geräusch, denn gleichzeitig ertönen unter dem Wasser mit dumpfem Klang versunkene Glocken.

16 Die Glocken vom Lautergrund

In einem Talgrund des Thüringer Waldes, dort, wo die Lauter fließt, lag einst eine große Stadt. Ihre Bewohner lebten in Glück und Wohlstand. Doch statt dem Herrn dankbar für den Segen zu sein, wurden sie übermütig.

In der glücklichen Stadt war ein ganzes Jahr niemand gestorben. Als der Tag Allerseelen, der 2. November, herankam, meinten sie mit spöttischer Stimme: »Was sollen wir mit Glockengeläut den Toten nachtrauern, die uns nichts mehr angehen. Laßt uns fröhlich sein wie an anderen Tagen!«

Nach einiger Zeit brach mit schrecklicher Gewalt ein Kindersterben aus. Fast in jedem Haus trauerten Eltern. Der Friedhof hatte kaum noch Raum für die kleinen Grabstätten. Da gab es Trauer und Wehklagen für die ganze Stadt. Alles zog hinaus zur Ruhestätte der Toten.

Als die Bevölkerung der Stadt einst auf dem Gottesacker versammelt war, sank dieser mit allen Lebenden und Toten in die Tiefe.

Nur die Glocken der untergegangenen Kirche kann der aufmerksame Wanderer am Tage vor Allerseelen noch vernehmen. Dumpf und wehmütig klagt es aus der Tiefe und mahnt zu Dankbarkeit für Gottes Gaben.

Nicht weit von dieser Stätte, am südlichen Abhang des Adlersberges bei Suhl, weiß die Sage von einem ähnlichen Ereignis zu berichten:

Auf dem Gottesfeld, auch Gottesacker genannt, am Hange des Adlersberges, hat einst das Strafgericht des Herrn eine Stadt wegen ihrer sündigen Bewohner vom Erdboden vertilgt.

Lange Zeit nach dem Ereignis wühlte eine Wildsau dort eine Glocke aus. Ein Hirte fand sie. In einem Kirchturm der nicht weit entfernten Stadt Schleusingen sollte sie wieder Dienst tun. Doch beim ersten Schlag entsetzten sich die Bürger über den schauerlichen Klang. Beim dritten Schlag zersprang sie. Auch nach dem Umguß vermeinte man aus ihrem Geläute die Worte zu vernehmen: »Sau aus! Sau aus!« Dann barst sie wieder, und das dreimal hintereinander. So kündete sie vom Fluch, den ihre einstigen Besitzer wegen ihres gottlosen Wandels auf sich geladen hatten.

17 Glocken mahnen aus versunkenen Kirchen

Wo sich jetzt der Neustädter See erstreckt, stand früher ein großes Kloster. Auf seinen Türmen hingen prächtige Glocken. Doch die Klosterleute hatten vergessen, daß sie in der Nachfolge Jesu zu leben gelobt hatten. So sank es einst in die Tiefe. Keine Spur kündet mehr davon.

Wer sich in der Mittagsstunde des Johannistages am Seeufer auf die Erde legt und lauscht, kann in der Tiefe die Glocken läuten hören. Auch eine gespenstische Klosterfrau wäscht zuzeiten am Seeufer Wäsche und beklagt dabei laut ihr Schicksal. Ihr Erscheinen zeigt an, daß der See in kurzer Zeit ein Opfer fordern wird. Vor vielen Jahren ertrank nach dem Erscheinen des Spuks ein Fuhrmann, der seine Pferde zum Tränken in den See geführt hatte.

Nahe Gumpelstadt, links der Straße nach Waldfisch, lag einst ein Kirchlein. Es kündete von einem blutigen Kampf in der Zeit der Christianisierung und war vom Sieger als Dank für Gottes Hilfe errichtet worden.

Die dort tätigen Priester versündigten sich an Gottes Wort. Da entstiegen die Geister der gefallenen Krieger ihren Gräbern und verbannten die schuldig Gewordenen mitsamt dem Kirchlein in den Moorgrund.

An dieser Stelle sprudelt jetzt ein unergründlicher Quell. Vorüberziehende Hirten vernehmen zuweilen den Schall des Glöckleins. Manchem Wanderer erscheinen zur nächtlichen Stunde die Geister der sündigen Priester als feurige Männer, die dem Moor entsteigen.

18 Das Glockenläuten an der Jakobseiche

Von Eisenberg nach Klosterlausnitz führt die Landstraße durch einen ausgedehnten Forst. Dort stand die alte Jakobseiche, und wenige Minuten nördlich davon liegt die Jakobswiese, Jobswiese genannt. Hier stand einst eine dem heiligen Jakob geweihte Kapelle.

Die Sage berichtet, die Kapelle sei das Wallfahrtsziel des Dorfes Rauschwitz gewesen. Das Kirchlein lag aber sehr weit ab vom Dorf in der Waldeinsamkeit, und gewöhnlich hörten die Rauschwitzer das Läuten des Betglöckleins von Sankt Jakob nicht. Darum errichteten sie auf halber Strecke zwischen Dorf und Kapelle ein Glockenhäuschen, damit die dort aufgehängte Glocke die Rauschwitzer zum Gottesdienst in das Kirchlein im Walde rufe. Hier, wo die kleine Glocke klingelte, ließen sich Siedler nieder und gaben ihrem Ort den Namen Klengel.

Von der Jakobskapelle sind nur noch spärliche Trümmer übrig. Sie wurde ein Opfer des Bruderkrieges. Doch in nächtlicher Stunde hört der Wanderer noch Glockenläuten. Dann flammen hinter der Jakobseiche rotgoldene Lichter auf, und aus dem wallenden Dunst löst sich das Bild eines Kirchleins. Weißbärtige Mönche tragen einen Sarg heraus, auf dessen Deckel ein Kruzifix liegt. Unter dem Geläut der Geisterglocke wandeln sie zum einstigen Waldkirchhof und betten dort einen Bruder zur letzten Ruhe.

19 Die Glocke im Berge

Vor langer Zeit, als mutige und fromme Männer in Thüringen das Christentum verbreiten halfen, stand mitten im tiefen Holz des Birkigts, etwa zwei Stunden von Leutenberg entfernt, eine Kapelle. Ein Klausner tat hier Dienst und verkündigte das Wort Gottes. Die in den Dörfern ringsum wohnenden Menschen liebten und verehrten ihn.

Da fiel eines Tages ein Heer in das friedliche Gebiet ein. Der Feind machte die Kapelle dem Erdboden gleich und tötete den frommen Einsiedler.

Seit jener Zeit, immer neun Jahre vor hohen Festen oder wichtigen Ereignissen der Christenheit, ertönen im Bergesinnern die Glocken der Kapelle. Das Kreuz, das einst den Berg zierte, an dem der Einsiedler lebte, erhebt sich bei den ersten Morgenstrahlen und verschwindet erst am Abend wieder.

20 Die Glocken von Broth

Wenige hundert Meter südwestlich der alten Burgwallanlage »Propstei« lag auf einer flachen Erhebung das alte Dorf Pratau, in den Urkunden von 965 und 1004 Broth genannt.

Um das Jahr 1325 versanken die Wohnstätten des Dorfes in einem furchtbaren Elbhochwasser. Am längsten hielten die Feldsteinmauern des Gotteshauses den anstürmenden Fluten stand. Doch schließlich senkte sich der Kirchturm zur Seite. Mit ihm zusammen wurden auch die Glocken Opfer der Flut.

Die Bewohner des Ortes hatten sich rechtzeitig in Sicherheit bringen können. Als sie zurückkamen, empfing sie ein Bild der Verwüstung und des Grauens. Nahe der versunkenen Kirche war ein langgestreckter Teich entstanden, der um 1513 die »alte Brathow« hieß, heute aber das »Schwarze Wasser« genannt wird.

Die Bewohner des untergegangenen Dorfes bauten ihre Häuser nicht wieder an der alten Stelle auf, sondern etwa zwei Kilometer südwestlich davon, auf einer höher gelegenen Fläche. Zusätzlich schützten sie den neuen Ort mit Hilfe von Dämmen und Deichen.

Der nächtliche Wanderer hört zur Sommerzeit im »Schwarzen Wasser« die dumpfen Klänge der versunkenen Glocken des alten Ortes Broth.

21 Barbaraglocke und Bärberborn

Im Dreißigjährigen Krieg, so sagt man, sank Wüstenneutsch, ein Dorf im Merseburger Land, in Schutt und Asche. Dabei stürzte auch der Kirchturm ein und riß die Glocken unweit des Dorfbrunnens mit in die Tiefe.

Nach vielen Jahren hütete ein Schweinehirt dort in der Nähe seine Herde. Da wühlte eines der Tiere die vorzeiten versunkene Glocke frei. Bei näherer Untersuchung entdeckte man auf dem Glockenmantel in ehernen Lettern den Namen der heiligen Barbara, die das Volk im Mittelalter als Beschützerin vor Gewitternot verehrte. Die Gemeinde Kreypau hängte diese Glocke in ihrem Kirchturm auf und nannte sie Barbaraglocke und den Fundort Barbaraborn oder Bärberborn.

Doch die Wiedergefundene konnte ihren Dienst nicht lange versehen. Als während eines großen Gewitters lange Zeit Sturm geläutet wurde, hielt sie dieser Belastung nicht stand und zersprang.

22 Die Glocken zu Mörigen

Nordöstlich von Mörigen liegt in den Wiesen die wüste Dorfstätte Koblä, im Volksmund auch Koblake genannt. Vor Zeiten stand hier ein großes Kirchdorf, das aber schon lange vor dem Dreißigjährigen Kriege zugrunde gegangen war.

Einst entfernte sich eine Sau von ihrer Herde, um in

einem Versteck ihre Jungen zu werfen. Der Hirt fand die Jungtiere in einem tiefen Loch, das sich als eine alte Glocke erwies.

Die Domgemeinde in Stendal hätte gern als älteste Gemeinde in der Altmark diese Glocke besessen. Sie schickte einen mit sechzehn Pferden bespannten Lastwagen. Doch die Glocke ließ sich nicht von der Stelle bewegen. Da kam ein Bauer aus Mörigen des Weges, spannte seine Pferde an die Glocke und führte sie ohne Mühe in sein Dorf. Mit Freude zogen sie die Bewohner auf den Turm.

Doch die Stendaler wollten dem Dorf die Freude versalzen und behaupteten, das Geläute störe sie in der eine gute Meile entfernten Stadt. Hier meine man dann ständig, der Schall käme von St. Nicolai. So mußten die Möriger die Schallöcher in Richtung Stendal vermauern.

Auf die Dauer erwies sich der Turm als zu schwach, seine Mauern bekamen einen Riß. Da das Dorf nötig Geld brauchte, veräußerte es die Glocke im Jahre 1649 für 290 Taler nach Magdeburg.

Mörigen verkaufte bis 1649 noch eine Glocke aus dem Jahre 1502 mit der Inschrift:

»Sankt Leynert ys my Name
myn Gelüt si gode bequeme
den Levendighen rope ik,
den Doden beschreye ik,
Hagel, Donner breke ik her.«

23 Die Glocke im Staudenhain

Zwischen Droyßig und Pötewitz, nicht weit von Zeitz, erstreckt sich ein Wald, der Staudenhain. Dort stand vorzeiten ein Dorf mit einer Kirche.

Auf der wüst gewordenen Dorfstätte hütete einst ein Hirt die Schweine. Er beobachtete, wie eines der Tiere eine Glocke aus der Erde wühlte.

Abends erzählte er in Droyßig von seiner Entdeckung, und auch die Pötewitzer erfuhren davon. Beide Gemeinden hätten gern den Fund für sich geborgen. Da einigten sie sich, daß die Droyßiger zuerst versuchen sollten, die Glocke zu heben. Sollte es ihnen mißlingen, würden die Pötewitzer an die Reihe kommen.

Zehn Pferde aus Droyßig vermochten nicht, den schweren Gegenstand vom Fleck zu rücken. Da spannten die Pötewitzer zwei Pferde vor und zogen zu ihrer großen Freude damit die Glocke aus der Erde. Doch wegen ihrer Größe brachten sie diese nicht auf ihren Kirchturm, sie mußten sie erst umgießen lassen.

24 Die Glocke von Ingelstedt

Zwischen Großbrüchter und Holzthaleben liegt in einem Forst die ausgedehnte Wüstung Ingelstedt. Das Dorf soll im Dreißigjährigen Kriege untergegangen sein. Die Gemeinden Großbrüchter und Holzthaleben teilten sich in die verlassene Gemarkung als gemeinsame Hutung. Einst hütete der Holzthalebener Schweinehirt in dieser Wüstung seine Herde, als er durch einen metallischen Klang auf eine Sau aufmerksam wurde, die in den Trümmern der ehemaligen Kirche wühlte. Er begann den Schutt beiseite zu räumen und fand den glänzenden Rand einer Glocke.

Nun begann der Streit zwischen beiden Gemeinden, wessen Eigentum der Fund sei. Ein kurioser Schiedsspruch und ein merkwürdiger Richter sollten entscheiden: Die Sau, die an dieser Stelle gewühlt hatte, sollte wieder dorthin gebracht werden. Der Ort, dessen Richtung sie einschlägt, sei der künftige Besitzer der Glocke.

Das Borstenvieh bereitete seinem Heimatort aber eine bittere Enttäuschung, denn fröhlich grunzend schlug es den Weg nach Großbrüchter ein. Die Leute aus Großbrüchter hängten die Glocke in ihrem Rathaus auf.

25 Zwei ungleiche Spender

Bei Hohnstein hüteten im wüsten Ort Kirchberg einst zwei Hirten ihr Vieh. Eines Tages gewahrten sie, daß eine wilde Sau zwei Glocken auswühlte. Der eine Hirt sprach: »Meine Glocke werde ich der Lungkwitzer Kirche verehren.« Der andere entgegnete: »Das laß ich wohl bleiben. Ich möchte mir mit dem Erlös meiner Glocke etwas zugute tun.« Auf diese Rede hin sei diese Glocke wieder versunken. Die eine Glocke jedoch kam auf den Kirchturm nach Lungkwitz. Sie soll so geläutet haben, daß man die Worte vernommen habe:

»Baum – maum Kirchberg,
Kirchberg ist mein Vaterland,
da mich die wilde Sau umwandt.«

26 Die Glocke der Leißlinger Marienkirche

Nicht weit von der Alten Saale bei Leißling heißt ein Stück der Dorfflur »An der Marienkirche«. Dort stand im Mittelalter eine kleine Kirche. Ihr Glockengeläut hörte man nicht nur in Leißling, sondern auch jenseits der Saale. Es verkündete auch den Leuten des nahen Uichteritz die Tageszeit, denn ihre Glocke war seit Jahren zersprungen.

Das Mauerwerk der Marienkirche hatte fast jedes Jahr unter dem Hochwasser der Saale zu leiden. Die Schäden wurden immer nur notdürftig ausgebessert.

In einem Frühjahr riß die Saale das Kirchlein ganz ein. Da kamen die Leute aus Uichteritz mit Kähnen, suchten aus den Trümmern die Glocke hervor, banden sie an ein langes Seil und zogen sie durch den Fluß nach ihrem Dorf. Dort wurde sie auf den Kirchturm gehängt.

27 Der Fluch des Einsiedlers

Meusebach in Thüringen hat vor Zeiten nicht an der jetzigen Stelle gelegen, sondern etwa eine Viertelstunde davon, wie noch versunkene Trümmer und ein Brunnen im vorigen Jahrhundert verrieten.

Vor uralter Zeit verfolgte dort ein mächtiger Graf einen Hirsch bis in das Dorf. Schließlich suchte das gehetzte Tier bei den Sieben Eichen in der Hütte eines Einsiedlers Schutz. Alles Flehen des alten Mannes, dem Tier das Leben zu schenken, half nichts. Die Jäger trieben es ins Freie und erlegten es. Da sprach der Klausner einen schweren Fluch über die Jäger und ihr Dorf. Es sollte von der Erde verschwinden und nicht eher wieder ans Tageslicht kommen, bis die Tiere des Waldes seine Spur auffinden würden.

Nach langer Zeit wühlte ein Schwein die Glocken der ehemaligen Dorfkapelle aus. Köhler, die sie in der Nähe ihrer Meiler fanden, schenkten sie dem Gotteshaus zu Tröbnitz. Die Kirche zeigte sich den Köhlern dankbar und half ihnen, feste Häuser zu bauen. So entstand das heutige Meusebach.

28 Zurück in den See

Auf dem Kirchhof zu Lähnwitz soll früher eine Kirche gestanden haben. Vor ihrer Zerstörung während eines Krieges konnten die Bewohner noch die Glocken im nahegelegenen See versenken.

Alle Jahre am Johannistage, mittags zwölf Uhr, tauchten sie aus der Tiefe auf und blieben bis ein Uhr am Seeufer liegen. Kinder, die dort ihre Gänse hüteten, hängten einst ihre Brottücher zum Trocknen darüber. Dadurch waren die Glocken festgebannt. Um ein Uhr begannen sie laut zu summen. Das erschreckte die Kinder. Sie nahmen ihre

Tücher weg und liefen davon. Da wankten die Glocken zum Wasser und versanken unter hellem Klingen im See.

Als man den See nach Jahren trockenlegte, konnte man nichts finden.

29 Das Strickzeug auf der Glocke

Ein Mädchen aus Buchholz bei Schwaan hütete an einem Berg die Gänse. Zur Mittagszeit gewahrte es plötzlich vier große Steine. Neugierig trat es näher und schlug mit einem Stock an den einen. Es ertönte ein heller Klang. Das Kind legte sein Strickzeug auf den Stein, um nach seinen Gänsen zu sehen. Als es zurückkam, fand es nur noch den Stein vor, auf dem das Strickzeug lag. Die anderen waren verschwunden.

Bei ihrer Heimkehr am Abend erzählte die Gänsehirtin, was ihr begegnet war. Einige Dorfbewohner liefen hinaus und fanden statt des Steins eine Glocke, die sie ins Dorf führten und in der Kirche aufhängten.

Am Ufer des kleinen Sees, an dem Barsdorf liegt, spielten zwei Mädchen am Mittag des Johannistages mit ihren Puppen. Sie wuschen die Puppenwäsche und sahen sich nach großen Steinen um, auf denen sie dieselbe zum Trocknen legen konnten. Da gewahrten sie zwei Glocken, breiteten die Tüchlein darauf aus und nahmen dadurch den Glocken die Möglichkeit, sich wieder in den See zurückzubegeben. Sie waren gebannt. Bald fanden die Barsdorfer die kostbaren Stücke, brachten sie zu ihrem Gotteshaus und hängten sie dort auf.

In der Nähe von Lichtenhagen hütete ein kleines Mädchen an einem Teich seine Gänse, als es zur Mittagszeit zwei Glocken auftauchen und zum Ufer schwimmen sah. Dort stellten sie sich in die Sonne. Rasch legte das Mädchen der einen sein Brottüchlein auf. Nach einiger Zeit verschwand die andere wieder im Wasser. Die mit dem Tuch bedeckte aber blieb liegen. Als der Vorfall bekannt wurde, sollte die Glocke nach Warnemünde gebracht werden. Allein, soviel Pferde man auch anspannte, sie war nicht von der Stelle zu bringen, bis sich ein Bauer erbot, sie mit Hilfe zweier Ochsen nach Lichtenhagen zu fahren. Das gelang. So kam Lichtenhagen zu einer zweiten Glocke.

30 Ein Prozeß um die Glocke

Dort, wo sich heutzutage der Liepssee erstreckt, stand dereinst das alte Rethra, die Hauptstadt der Rethrarier. Diese waren so übermütig, daß Gott sie zur Strafe für ihren sündigen Lebenswandel mit Haus und Hof versinken ließ. Bei klarem Wetter sind die Häuser und Gassen zu sehen. Manchmal klingen ihre Glocken hinüber in unsere Welt. Am Johannistag kommen sie an Land und liegen am Ufer.

Einst kam ein Mädchen aus Prillwitz an diesem besonderen Tage an den See, spülte dort Wäsche und legte sie auf zwei große, am Ufer liegende Steine. Da rollte ein Dritter ins Wasser, und heller Glockenklang ließ sich vernehmen. Die beiden anderen Steine hatten sich plötzlich in Glocken verwandelt. Als das Mädchen zu Hause sein Erlebnis erzählte, wurde es zuerst ausgelacht. Doch schließlich machten sich auf ihr Drängen hin einige Prillwitzer auf den Weg zum See. Die beiden Glocken standen noch da. Nun entspann sich ein Streit zwischen Prillwitz und Neubrandenburg, denn der kostbare Fund stand auf Neubrandenburger Gebiet. Es kam zum Prozeß, den die Stadt Neubrandenburg gewann. Ihre Bürger luden die Glocken auf einen Wagen. Der Fuhrmann trieb die beiden Pferde an und rief:

»Nu hoi alltosammen,

Diss soellt blot för dei Riken gan!«
Doch der Wagen rückte nicht von der Stelle. Umsonst wurden noch mehr Pferde vorgespannt.

Da kam ein Bauersmann aus Prillwitz mit Pflug und Ochsen daher und wagte den Versuch, das Gefährt von der Stelle zu bewegen. Er spannte an und rief:

»All vier toglik,
för Arm un Rik!«

Da rollte der Wagen an, und Pferde und Ochsen zogen ihn nach Prillwitz.

31 Die Glocke will keinen Lohn

Kinder aus dem Dorf Teutendorf bei Rostock hüteten am See die Gänse. Mittags nach dem Essen hängten sie ihre Brottücher zum Trocknen auf einen Dornbusch am Ufer. Da verwandelte sich dieser in eine harte Masse, die sie für Felsgestein hielten.

Sie berichteten im Dorf von diesem Erlebnis. Als daraufhin einige Dorfbewohner den vermeintlichen Stein aufsuchten und darauf schlugen, ertönte metallischer Klang. Mit ihren Tüchern hatten die Kinder den Bann einer Glocke gebrochen.

Der Versuch, die Glocke mit einem Wagen nach Rostock zu bringen, scheiterte. Sie bewegte sich nicht von der Stelle. Doch zwei vorgespannte Ochsen konnten das Gefährt mit Leichtigkeit nach Petschow ziehen. Als die Glocke zum ersten Mal bei einer Leiche geläutet werden sollte, blieb sie stumm. Der Verstorbene war ein reicher Bauer. Daran erkannte man, daß die Glocke ihr Geläut nicht gegen Lohn erklingen lassen wollte. Seitdem wurde in dieser Gemeinde bei Begräbnissen kein Glockengeld mehr erhoben.

32 Die Glocke im Moor

Auf dem Hanstorfer Feld links des Weges nach Doberan befindet sich am Fuße eines Hügels das Tücksmoor, auch Sücksmoor oder Sachsmoor genannt. Hier konnte der Wanderer am Morgen eines Festtages ein Geläute hören. Ein Pferdehirt hat dort zwei Glocken auftauchen sehen. Rasch warf er seine Jacke auf die größere der beiden und eilte nach Hause, um Helfer zu holen. Die gruben an der bezeichneten Stelle nach und fanden die Glocke auch wirklich wieder. Sie erhielt ihren Platz im Glockenstuhl der Hanstorfer Kirche. Später sei sie beim Läuten gesprungen und umgegossen worden.

33 Das Wunder mit dem Haarband

Etwa eine halbe Stunde nordwestlich vom Dorf Wingerode auf dem Eichsfeld liegt die Wüstung Volsbach. Um die Mitte des 16. Jahrhunderts war das Dorf noch bewohnt. Später wuchs dort ein schöner Eichenwald. Eine Stelle heißt im Volksmund noch »der Volsbacher Kirchhof«. An diesen Ort knüpft sich eine Glockensage.

Einst hütete hier ein Mädchen eine Herde Schweine. Ein altes Tier hatte sich von den anderen abgesondert und suchte unter den Bäumen nach Eicheln. Da war es dem Mädchen, als wenn das Tier einen metallenen Gegenstand auswühle, trat hinzu und erkannte den oberen Teil einer Glocke. Flink nahm es sein Haarband, knüpfte es an den Fund und zog daran. Mühelos löste sich die Glocke aus dem Erdreich. Dann holte es Hilfe aus dem Ort. Die Leute luden die Glocke auf einen Ackerwagen und wollten sie ins Dorf bringen. Doch das Gefährt rührte sich nicht von der Stelle. Da holten sie aus dem Kloster einen alten blinden Esel, der dort sein Gnadenbrot erhielt, spannten ihn vor und stellten zu ihrem Erstaunen fest, daß es das Tier schaffte. Es zog den Wagen von der Stelle, jedoch nicht, wie erhofft, zu einem der umliegenden Dörfer, sondern zum weit entfernten Hülfensberg. Dort konnte die Glocke nun die Schar der Wallfahrer mit ihrem Geläut begrüßen.

Bis zum Jahre 1890 befand sich auf dem Hülfensberg eine große Glocke, die ebenfalls von einem Mädchen zutage gefördert worden sein soll.

Nahe Geismar lag in alter Zeit das in einer Fehde zerstörte Dorf Bolkendorf. Die wüste Stätte wurde Ackerland. Vor langer Zeit hütete dort der Schweinehirt von Geismar seine Herde. Eine Sau wühlte das Oberteil einer Glocke frei. Da es schon dämmrig wurde, trieb der Mann seine Herde ins Dorf zurück und berichtete von dem Fund.

Anderntags, kaum daß der Morgen graute, zogen die Männer, der Bürgermeister an der Spitze, mit Hebezeug und Grabgeräten hinaus, um den wertvollen Fund zu bergen. Aber alle Mühe war vergebens, die Glocke schien im Boden festgewachsen. Da knüpfte ein Mädchen sein Haarband an ihr fest und schaffte das, was kräftige Männer mit Hilfe der Hebezeuge nicht bewältigt hatten.

Zwar behaupteten einige neidische Weiber, das Mädchen sei eine Hexe, doch ihr Gekeife war bald gestillt.

Nun hoben die Geismarer das kostbare Stück auf einen Wagen, spannten ein blindes Pferd vor und überließen es diesem, wohin es sie führen würde. Das Pferd nahm Richtung auf den Hülfensberg. Wunderbar klar war der Klang, als die Glocke zum ersten Male dort geläutet wurde. Und es schien den Umstehenden, als spräche sie dabei:

»Sau fand
Maichenband
blinder Gaul zog mich har
uffen Hülfensbargk!«

Der Schweinehirt von Hilkerode hütete einst seine Herde auf dem Pfingstanger im Ellertal. Da sank eine der Sauen tief in den Morast ein. Als er sie aus ihrer mißlichen Lage befreite, bemerkte er einen harten Gegenstand und stellte beim Nachgraben fest, es handelte sich um eine Glocke. Schnell wusch er seine schlammigen Hände, trocknete sie an der Schürze seiner achtjährigen Tochter ab und warf dann das Tuch wie zufällig über den Fund, eilte ins Dorf und holte einige Männer zu Hilfe.

Kaum war er fort, hob sich die Glocke ganz langsam an, bis sie mit der Krone aus dem Morast schaute. Dann sprach sie mit tiefer, klarer Stimme:

»Anne Susanne,
wutt du miehe tau Lanne?«

Da tönte aus der Tiefe die Antwort einer anderen Glocke:

»Nein, nun und nimmermehr
kann ich wieder zu Lande gehn.«

Den Männern aus Hilkerode gelang es selbst mit Hilfe von Pferden nicht, den Fund zu bergen. Da nahm des Hirten Kind sein Haarband, knüpfte es an die Glocke und das andere Ende an eine Haselrute und zog. Leicht wie eine Blase stieg die Glocke empor und stand bald darauf auf dem grünen Rasen. Dort aber, wo sie so lange geruht hatte, sprudelte eine starke Quelle hervor. Einige neidische Frauen aus dem Dorfe hätten es gern gesehen, wenn das Mädchen als Hexe verurteilt worden wäre; doch die Vernunft siegte. Die Glocke wurde auf eine Schleife gehoben und ins Dorf gebracht.

Zusammen mit der bereits im Glockenstuhl des Dorfes hängenden Glocke ergab sich ein harmonisches Geläut, aus dem die Einwohner die Worte zu vernehmen meinten:

»Bill – baum!
Ball – baum!
Sau – fand,
Mäkend – Band
Drei Ihlen – lang.«

34 Die grüne Glocke im Dom zu Schwerin

Zwei Schweriner Schiffer bemerkten eines Tages in ihrem Kahn zwei fremdartig gekleidete Knaben, die darum baten, mitgenommen zu werden.

In der Mitte des Sees waren die beiden plötzlich verschwunden. Statt ihrer standen zwei große Kisten im Kahn.

Als die Schiffer das merkwürdige Geschenk öffneten, fanden sie in der einen Kiste blinkendes Gold, in der anderen eine grüne Glocke. Den Goldschatz verteilten sie bis auf einen geringen Rest an die Armen, die Glocke schenkten sie dem Dom zu Schwerin.

35 Die Glocke vom Kloster »Zum heiligen Kreuz«

Rechts am Wege von Seligenthal nach dem Stahlberg erhebt sich ein Berg, das Goldene Kreuz genannt. Hier hat nach der Sage das Kloster »Zum heiligen Kreuz« gestanden. Wie und wann es verschwand, weiß niemand mehr zu sagen, wohl aber, daß lange danach dort oben zur Adventszeit in der Geisterstunde ein goldenes Kreuz sich flammend aus dem Boden erhob.

An dieser Stelle förderten Schatzgräber eine Glocke zutage. Sie kam in die Kirche von Seligenthal, wo sie noch heute auf dem Turme hängt. Das flammende Kreuz sollte den Menschen den Verbleib der Glocke anzeigen, denn seitdem diese ausgegraben war, hat niemand wieder die Erscheinung wahrnehmen können.

36 Die Glocken von Dobbertin

Zur Zeit, als sich das Christentum im Mecklenburger

Lande auszubreiten begann, baute sich die Christengemeinde in Dobbertin eine Kirche und schaffte sich zwei Glocken an.

Da erschien eines Tages ein Bauer aus Nienhagen und gab vor, er sei durch einen Traum aufgefordert, die Dobbertiner Glocken vor einer drohenden Gefahr zu retten, indem er sie im Dobbertiner See versenke. Die Einwohner glaubten seinem Zeugnis. Auf einem Wagen, bespannt mit zwei Ochsen, fuhren sie das Geläut zum See, um es darin zu versenken. So entgingen die Glocken der Vernichtung in einer der vielen Auseinandersetzungen zwischen Christen und Heiden.

Nach vielen Jahren wollte man die Glocken wieder ans Tageslicht bringen; aber alles Suchen danach war vergebens. Doch mittags an Sonn- und Feiertagen kamen sie an die Oberfläche und schaukelten auf den Wellen. Sobald sich ihnen aber jemand näherte, entfernten sie sich und versanken schließlich wieder. Eines Tages saßen zwei gänsehütende Knaben am Ufer und verzehrten ihre Mahlzeit. Da tauchten die Glocken wieder auf, schaukelten ganz in ihrer Nähe auf den Wellen, läuteten leise und wandelten zum Ufer. Die Gänsehirten breiteten auf der einen ihre Brottücher zum Trocknen aus. In diesem Augenblick verstummte das Läuten, und still verharrten die Glocken. Die Knaben liefen nach Nienhagen und meldeten die wundersame Begebenheit. Rasch wurde ein Wagen herbeigeschafft, um mit vier Pferden den Fund nach Nienhagen zu bringen. Aber der Wagen rührte sich nicht von der Stelle. Da kam ein alter Bauer mit einem Ochsengespann des Weges. Ihm gelang es, die Glocken wegzuschaffen – allerdings nach Dobbertin, ihrer alten Heimat.

37 Die Glocke bleibt ihrer Heimat treu

Am Fuße des westlichen Ausläufers des Thüringer Waldes

liegt bei Marksuhl das Dorf Frauensee. Seinen Namen erhielt es von dem hier an einem tiefen See gelegenen, der Jungfrau Maria geweihten ehemaligen Nonnenkloster. Einst hütete ein Hirte aus Frauensee die Schweine in der »Lindenau«, wo in grauer Vorzeit eine Stadt gestanden haben soll. Dort wühlte die Herde eine kleine Glocke aus dem Boden. Die Frauenseer hingen sie über der nunmehr abgebrochenen Klosterkirche auf.

Beim ersten Läuten gab sie einen so wundersamen silberhellen Ton von sich, daß sich jedermann darüber verwunderte. Doch bald darauf zersprang sie beim Läuten, denn eine Glocke läßt sich nicht gern von dem Ort entfernen, an dem sie ihre Weihe erhalten hat. Jetzt hängt sie umgegossen auf dem Turm der neuen Kirche.

Im Goldgrund zwischen Rüdersdorf und Tautenhain kam dort, wo sich einst die Kirche der Wüstung Seiersdorf erhoben hatte, eine Glocke zum Vorschein. Die Tautenhainer konnten sie nicht mit zwei Pferden fortbewegen, die Rüdersdorfer schafften es erst mit einem Sechsergespann. So kam der Fund nach Rüdersdorf. Aber jedesmal, wenn die Einwohner des Ortes sie läuten wollten, war sie verschwunden, mußte zurückgeholt und von neuem geweiht werden. Schließlich ist sie dann doch den Rüdersdorfern geblieben.

Bekannt in ganz Mecklenburg ist der Klang der Glocken von Alt Jabel. Sie sollen aus der Kirche der untergegangenen Stadt Ramm stammen. Man hörte sie immer läuten, bis man nachgrub und sie wohlerhalten im Turm der legendären Stadt fand. Sie nach Alt Jabel zu holen, war nicht einfach, sie kehrten stets wieder zurück. Erst ein Gespann von vier schwarzen Ochsen brachte sie endgültig an ihren neuen Platz.

Es heißt auch, die Rammer Glocken seien geweiht und eingesegnet gewesen, weshalb sie von ihrem angestammten

Heimatort nicht weg wollten. Eine Frau habe sie mit Kühen nach Leussow geführt.

38 Der Glockenfund zu Oberschlema

Daß Berichte über sagenhafte Glockenfunde auch auf Tatsachen beruhen können, beweist der Fund einer Glocke in Oberschlema.

Bei Ausschachtungsarbeiten stießen die Arbeiter am 12. Oktober 1934 nahe dem Schlemabach unter dem Fahrdamm der Hauptstraße auf eine Glocke von etwa acht Zentnern Gewicht, einer Höhe von 70 Zentimetern und einem Durchmesser von 80 Zentimetern. Verhältnismäßig geringfügig waren ihre Beschädigungen: Ein Henkel der Krone war gebrochen, der untere Glockenrand wies einige Schrammen auf, und der Klöppel war verrostet. Die Inschrift lautete:

»M^{d}IIII^{c}XXXVIII«

und auf einem Fries am oberen Rande der Haube die Namen der Evangelisten

»MATEUS JOHANNES LUCAS MARCUS«

Die näheren Umstände lassen den Schluß zu, daß die Glocke bei einer Schwemmflut im Jahre 1573 den Sturz aus dem Kirchturm gut überstanden hatte und mitsamt den Trümmern der Oberschlemaer Kirche zu ihrer jahrhundertelangen Ruhestätte gespült worden war.

Die Schneeberger Chronik des Christian Meltzer von 1684 berichtet über diese Katastrophe:

»Anno 1573, den 13. August, Mittwoch nach Laurentii hat sich Mittag um 2 Uhr ein jählinger und schwerer Regen erhoben, und folgends wie auch Donnerstag die ganze Nacht angehalten, daß auch von kleinen Brünnlein große Bäche, so Mühlräder getrieben, geflossen sind ... es hat die Kirche in der Schleem gar eingerissen, und herab in der Schleem an Aeckern, Gärten, Häusern und Scheunen einen erschrecklichen greulichen Schaden gethan ...«

Der kursächsische Geschichtsforscher Peter Albinus war Augenzeuge des Unwetters und schreibt:

»... und also auch von dieser Seiten der anderen großen Wasser die Kirche in gemeldter Oberschlem mit Glocken und andern, so vorhanden gewesen, helfen ganz und gar wegführen.«

Es wird glaubhaft versichert, daß einige Zeit vor dem Wiederauffinden der Glocke eine alte Einwohnerin den Bauarbeitern zugerufen habe: »Gebt acht, ob ihr unsere alte Glocke wiederfindet!«

III Der Glocke Macht – der Glocke Leid

39 Heiligen Land, über das die Glocken gehen

Vor alten Zeiten stand vor dem Brandenburger Tor in Berlin ein Galgen. Eines Nachts kam ein Fischer dort vorbei. Er hatte im Dorfe Thurow ein wenig zu tief ins Glas geschaut, war in übermütiger Laune und forderte einen, der mit des Seilers Tochter Hochzeit gefeiert hatte und nun im Nachtwind baumelte, auf, vom Galgen herabzusteigen und mit ihm zur Nacht zu essen.

Da stieg auch schon das Gerippe aus der luftigen Höhe herab und kam geradewegs auf ihn zu. Drohend hob es die dürre Hand und sprach: »Bist du morgen Nacht um zwölf Uhr nicht pünktlich wieder hier, so hole ich dich!«

Halb tot vor Angst kam der Fischer zu Hause an. Anderntags bat er den Pfarrer um Beistand. Doch auch dieser konnte ihm nur den Rat geben, der Forderung nachzukommen, allerdings in seiner Begleitung und in der einiger guter Freunde. Im übrigen befahl er den Geängsteten Gottes schützender Hand an. In der folgenden Nacht ging der Fischer mit seiner Begleitung unter dem Geläut einer Glocke zum Hochgericht.

Doch das Gerippe deutete ihm an, er möge umkehren, und sprach: »Der Klang der Glocke hat dich gerettet. Worüber er geht, ist heiliges Land. Kehre heim in Frieden, und laß künftig die Toten in Ruhe!«

40 Das Gottesurteil zu Elterlein

In dem erzgebirgischen Orte Elterlein lebte um das Jahr

1500 der reiche Hammerherr Caspar Klinger. Ihm gehörten große Waldungen und zahlreiche Steinbrüche. Den Armen gegenüber verhielt er sich hoffärtig. Hochmütig verweigerte er jedem den Dank auf den Gruß. Obgleich es ihn schmeichelte, wenn alle vor ihm den Hut zogen, tat er, als ginge ihn das gar nichts an. Zum Pfingstfest des Jahres 1513 begegnete ihm bei einem Spaziergang ein ebenso reicher Bergherr namens Wolf Götterer und rief ihm ein freundliches »Glück auf« zu. Als auch ihm der hochmütige Klinger nicht dankte, stellte er ihn wegen seiner Unfreundlichkeit zur Rede. Rachsüchtig beschloß dieser daraufhin, den andern für seine freimütigen Worte zu ermorden.

Gemeinsam mit seinem Bruder tötete er den Unglücklichen durch Beilhiebe. Seine Überheblichkeit und Menschenverachtung ging so weit, daß er meinte, weil er es sei, gelte kein Recht. Er rühmte sich noch seiner Tat und stellte sich selbst dem Gericht. Er und sein Helfer wurden, wenn auch nur zum Schein, zum Tode verurteilt. Als sich der reiche Mann erbot, zur Buße auf seine Kosten eine Kirche zur Ehre des heiligen Oswald erbauen zu lassen, trugen die Gerichtsherren keine Bedenken, ihm um diesen Preis die Strafe zu erlassen.

Nicht weit von der Waschleithe, in einem Tal am Ufer des Oswaldbaches, entstand ein prächtiges Gotteshaus. Doch Gott ist ein unbestechlicher Richter. Am Tage der Weihe zog ein schweres Gewitter heran. Der Glöckner weigerte sich, die Glocke zu läuten. Da meinte Klinger, ihn können weder Gott noch Teufel davon abbringen, sein Werk zu vollenden. Er eilte die Turmtreppen hinauf und begann selbst, die Glocke zu ziehen. Erst mit Verwunderung, dann mit wachsendem Entsetzen vernahmen die versammelten Menschen den eigenartigen, klagenden Klang der Glocke. »Das tönt wie das Armsünderglöcklein«, so meinten sie.

Ehe das Läuten noch beendet war, fuhr ein Blitzstrahl

in den Turm, erschlug den Frevler und setzte das Bauwerk in Flammen. Klingers Leichnam fand man im Brandschutt neben der zerstörten Glocke. Am nahen Waldrand wurde er verscharrt. Ruhelos geht nun sein Geist dort um und grüßt die nachts dort zufällig Vorübergehenden. Er ist erst dann erlöst, wenn jemand für seinen Gruß dankt.

41 Die Schlangengabe zum Glockenguß

Als in Bernau die Bürgerglocke gegossen werden sollte, steuerten die Bewohner reichlich Spenden bei. Als das Erz bereits im Ofen schmolz, kam eine alte Frau, die bedauerte, daß sie nichts von Geldeswert dazugeben könne. Doch wolle sie ein Geschenk machen, das allen nütze. Sie nahm aus ihrem Korbe zwei lebende Schlangen und warf sie in die Glockenspeise mit dem Bedeuten, daß nun alles Schlangengezücht, das bis dahin zur Landplage geworden war, die Gegend verlassen werde. Mit dem ersten Läuten der Glocke traf die Verheißung der Alten ein.

Um 1640 erhielt die Glocke einen Riß und mußte schweigen. Da stellte sich das Otterngezücht erneut ein. Es verließ aber gleich darauf die Gegend wieder, als im Jahre 1649 die Glocke nach dem Umguß zum ersten Male von neuem ertönte.

42 Glocke mahnt zum Feiertag

Die Hammerleute im ehemaligen Augustenthal bei Sonneberg in Thüringen hatten die Gewohnheit, zuweilen auch an Feiertagen zu arbeiten. An einem Sonntagmorgen waren sie damit beschäftigt, einen Amboß zu gießen. Als sie die Form abnahmen, stand zum großen Erstaunen der Gesellen kein Amboß vor ihnen, sondern eine wohlgelungene Glocke.

Darin erblickten die Hammerleute einen Fingerzeig Gottes und unterließen künftig die Sonntagsarbeit. Statt dessen besuchten sie regelmäßig den Gottesdienst.

Die Glocke erhielt einen Ehrenplatz im Hammerwerk. Mit ihr wurde das Zeichen zu Beginn und Schluß der Arbeit gegeben.

43 Die gestohlenen Silberglöckchen

Über dem sagenumwobenen Güldenbrunnen bei Löhma soll einst in den Christnächten ein silbernes Häuschen zu sehen gewesen sein, das mit vielen bunten Lichtern erleuchtet und mit silbernen und kristallenen Glöckchen geziert war. Davor saß ein steinaltes Mütterchen in blütenweißem Kleid und reichte jedem, der sich schweigend nahte, geweihtes Wasser, das sich in köstlichen Wein verwandelte.

Einst kamen einige übermütige Burschen aus dem Dorfe lärmend an diesen wunderbaren Platz und brachen einige der Glöckchen ab. Seitdem hat niemals wieder jemand etwas von dem wunderbaren Häuschen gesehen.

Die gestohlenen Glöckchen wurden den Dieben zum Verhängnis. Sie verwandelten sich in deren Taschen in große Ameisen, die ihnen das Herz abfraßen.

44 Strafe für Frevelmut

In vielen Kirchdörfern des Kreises Neustrelitz, so auch in Blankensee, wurde in alten Zeiten Weihnachten eingeläutet. Wenn der Küster am Abend gegen sechs Uhr die Betglocke gezogen hatte und das Heiligabendgeläut verklungen war, stiegen gegen zehn Uhr die unverheirateten Burschen auf den Kirchturm, um bis zum anderen Morgen die Glocken zur Christgeburt rufen zu lassen. Die gerade nicht mit dem Ziehen der Seile Beschäftigten waren lustig, sangen und tranken Branntwein.

Einmal war ein Bursche darunter, den hatte der Teufel verführt. Er lästerte Gott und Jesus Christus. Im Übermut riß er die Glockenstränge so heftig, daß es einem Sturmläuten gleich kam. Er ließ sich weder durch gute Worte noch durch Gewalt von seinem sündhaften Tun abbringen.

Plötzlich verzerrten sich seine Züge. Er wurde rot und blaß, stammelte wirre und böse Worte und brach schließlich tot zusammen. Da trat ein Unbekannter aus dem Kreis der erschrockenen Burschen hervor und löste die verkrampften Hände des Toten vom Seil. Ob es der Böse selbst war? Keiner weiß es.

Seit dieser Zeit durfte in Blankensee vor dem großen Fest nicht mehr die Nacht hindurchgeläutet werden.

45 Die Glocken vertreiben die Geister

In alten Zeiten gab es in der Lausitz die Lutken. Als aber der Glaube an Jesus Christus siegreich voranschritt, erstanden allenthalben Kirchen. Von den Türmen läuteten die Glocken. Diesen Klang konnten die Lutken nicht ertragen. In Groß-Buckow wollten sie diese darum zerstören.

Es gelang den kleinen Wesen jedoch nicht, die schweren Türen einzurennen oder die steinernen Mauern zu zerbrechen. An der Überanstrengung erkrankten sie und starben schließlich aus.

In einer Chronik des Eigenschen Kreises heißt es:
»Die Einwohner melden, daß vor der Zeit, ehe die große Glocke zu Dittersbach ist gegossen worden, so geschehen 1514, im Dietrichsberge Zwerge gewohnt haben. Sie sind oft ins Dorf gekommen und haben sich in die Häuser und

Stuben verfüget, als daß die Leute ihrer gar gewohnt gewesen; nachdem aber die Glocken gegossen und geläutet worden, hat sie der harte Schall des Erzes, welches sie nicht erdulden können, vertrieben, daß man derselben keines mehr gespüret hat.«

Die Zwerge oder Querxe, die im Breitenberg hausten, nötigten einen Bauern aus dem nahen Dorfe Haynewalde, sie mit zwei Wagen nach Böhmen zu fahren. Sie entlohnten den Bauern so reichlich, daß er zu einem reichen Manne wurde und alle seine Nachkommen Glück in ihren Unternehmungen hatten.

Beim Abschied sagten die Querxe, sie würden wiederkommen, wenn die Glocken wieder abgeschafft seien und »wenn Sachsenland (gemeint ist die Lausitz) wieder käm' an Böhmerland«. Dann, so meinten sie, würden bessere Zeiten sein.

Am linken Neißeufer liegt bei dem Städtchen Ostritz der Veens- oder Feensmännelberg. Nach der Volkssage ist dieser Berg ehedem von einem kleinen Völkchen bewohnt gewesen, das vor den Ostritzern dort siedelte. Als sich die Bürger von Ostritz Glocken anschafften, konnten die Feensmännel den lauten und harten Ton der großen Glocke nicht ertragen und verließen gemeinsam den Berg. Ihre Köpfe hatten sie bei diesem Auszug mit Melkgelten bedeckt.

46 Die wundertätige Kraft der Glocken

Vor langer Zeit stand einmal ein schweres Gewitter über Obergreißlau. Lange Zeit tobte es über dem Dorfe und schien nicht weichen zu wollen. In ihrer Angst liefen die Dorfbewohner ins Kloster Langendorf und baten den Priester um Rat und Hilfe. Der ging mit ihnen und versuchte, durch Beten und Beschwörung das Gewitter zu vertreiben; aber vergeblich. Da ließ er die Glocken läuten. Mit ihrem Klang vermischt, vernahmen die geängsteten Menschen eine unheimliche Stimme: »Laßt uns fliehen, die Cyriakshunde bellen!« Die Kirche zu Obergreißlau war dem heiligen Cyriakus geweiht.

Mit einem endgültigen, erschrecklichen Grollen zog das Wetter ab, und die Leute konnten befreit aufatmen.

Der Schall des silbernen Glöckchens der Stadtkirche zu St. Lorenz in Elsterberg drang – so meint die Sage – bis nach Nürnberg, wenn in vorreformatorischer Zeit zur Messe geläutet wurde. Die Kunde von der Wunderkraft der Elsterberger Glocke veranlaßte zahlreiche Bürger Nürnbergs, sich in Elsterberg bestatten zu lassen, denn soweit das Glöckchen rufe, gelte ein Ablaß aller Sünden. Darum hatte auch jeder Bauer in den Ortschaften rund um die Stadt der Elsterberger Kirche ein Fuder Getreide zu zinsen. Ansonsten wurde er nicht des Segens dieses Ablasses teilhaftig. Nürnberger Kaufleute sollen auch den Bau eines Spitals an der großen Elsterbrücke veranlaßt haben, das sie bis zur Reformation unterhalten hätten.

47 Die Riesensteine bei Prenden

Die Kirchenglocken von Prenden waren wegen ihres kräftigen und schönen Klanges weithin bekannt. Das rief den Zorn des dort lebenden Riesen hervor, insbesondere deshalb, weil sie ihn immer am Sonntagmorgen aus dem Schlafe weckten. Eines Tages geriet er so in Wut, daß er fünf große Steine in Richtung des Kirchturmes warf. Sie verfehlten aber ihr Ziel. Drei stürzten in den Wandlitzsee, daß das Wasser hoch aufspritzte. Dort, wo die Wassertropfen zur Erde fielen, entstanden die »Heiligen drei Pfühle«. Die beiden anderen Brocken fielen am Strehlasee

nieder. Keines der Wurfgeschosse traf also das Gotteshaus, und es blieb unversehrt.

48 In des Teufels Gewalt

Nördlich von Lübz liegt der Klingberg. Hier führte einst die Landstraße von Goldberg nach Parchim vorüber. Ein Fuhrmann sollte auf dieser Straße die für Lanken bestimmte Glocke befördern. Der schlechte Fahrweg bereitete ihm großen Ärger. Schließlich blieb er am Klingberg an einer morastigen Stelle stecken. »So hol doch der Teufel die Glocke!« wetterte der Mann und machte sich auf den Weg nach Lübz, um Vorspann zu holen.

Als er zurückkam, war die Glocke verschwunden. Der Teufel hatte sie in den Klingberg verschleppt. Von dort kann man sie in der Neujahrsnacht läuten hören.

Die Gemeinde Sülten bei Sternberg in Mecklenburg hatte sich eine Glocke für ihr Gotteshaus angeschafft. Ein Fuhrmann sollte sie auf seinem Wagen ins Dorf fahren. An einem Anstieg kamen die Pferde nicht weiter. Da rief der Fuhrmann den Teufel zu Hilfe. Der packte Wagen, Pferde und Fuhrmann und schleuderte sie hohnlachend hoch über den Berg, daß sie in den See fielen. Seitdem liegt die Glocke unter Wasser begraben. Nur in der Weihnacht steigt sie aus der Tiefe empor und läutet.

Als das Dorf Glienken auf dem Retzower Hoffeld im Dreißigjährigen Kriege unterging, verschwanden auch die Glocken der Kirche. Das Volk meint, der Teufel habe sie geholt und verwahre sie im Glockenborn. Dieser Brunnen liegt eine Viertelstunde nordöstlich von der ehemaligen Dorfstelle in einem Scheidegraben zwischen dem Ganzliner und Retzower Feld. Jedesmal am Johannistag um die Mittagszeit sollen sie an die Oberfläche kommen.

Als das Christentum im Merseburger Land Einzug gehalten hatte, ließ Bischof Wigbert von Merseburg an der Saale ein Kirchlein errichten. Am Tage der Kirchweihe sollte die Glocke zum ersten Male erschallen. Nachdem der Glöckner schon eine Weile geläutet hatte, gesellte sich ihm ein sonderbarer Fremder zu und half ihm läuten. Er zerrte jedoch mit solcher Gewalt am Glockenstrang, daß sich die Glocke löste und durch das Schalloch hinaus stürzte. An dieser Stelle bildete sich ein Loch, der Teufelstümpel. Niemandem gelang es, sie wieder ans Tageslicht zu ziehen.

49 Kummer mit den Erdeborner Glocken

In Erdeborn im Mansfelder Seekreis war die mittlere Glocke beim Läuten zu Ehren des verstorbenen Kurfürsten herabgefallen und auf einem Balken zu stehen gekommen. Die kleine traf das Mißgeschick, daß während ihres Läutens der Turmseiger schlug. Das Gewicht, das das Schlagwerk antreibt, sank dabei so tief, daß die kleine Glocke daranschlug und in Stücke sprang. Doch auch die große Glocke blieb nicht verschont. Beim Einläuten des Friedens nach dem Siebenjährigen Krieg am 20. März 1763 zersprang sie. So mußten schließlich alle drei Glocken umgegossen werden.

50 Einige Glockenschicksale aus alten Chroniken

Als sich im Jahre 1230 die Erfurter weigerten, zum Kreuzzug Kaiser Friedrichs II. einen Beitrag zu leisten, forderte der Erzbischof von Mainz von jedem Gotteshaus Glocken, die aber ausgelöst werden konnten und deren Erlös die auferlegte Summe Geldes ergeben mußte.

Als 1450 die Hussiten Thüringen bestürmten und Gera in Flammen aufging, haben sie, wie die Thüringische Chronik von 1601 berichtet, »viel Wagen mit Raub beladen / auch Glocken von den Thürmen mit sich genommen«.

Im deutschen Bauernkrieg nahmen beide kriegführende Parteien Glocken aus den Türmen der Kirchen und Klöster, um Kanonen daraus gießen zu lassen. Damals verloren unter anderen die Benediktinerkirche zu Saalfeld ihre Glocken, Kloster Reinhardsbrunn zwölf und Schlotheim vier Glocken. Aus dem Eichsfelddorf Schlingen sollen die Bauern eine zwei Zentner schwere Glocke mit der Inschrift »Ave virg. Anno dn. 1486« nach Menteroda entführt haben. Als später Schlingen seine Ansprüche geltend machte, wurde es abgewiesen.

Neben dem Anspruch auf die Kirchenschätze und das Metall der Orgelpfeifen erhoben in früheren Jahrhunderten die Befehlshaber der Artillerie das Anrecht auf die Glocken in den eroberten Gebieten, das aber später meist mit Geld abgelöst wurde. Es war das sogenannte Glokkenrecht.

Der sächsische Obrist von Bose nahm es in Anspruch, beschlagnahmte die Glocken der Stadt Glogau im Dreißigjährigen Krieg und gab sie seiner Heimatstadt Netzschkau zum Geschenk.

Zur gleichen Zeit mußte das thüringische Städtchen Kölleda die große Glocke der Wipertikirche gegen eine hohe Geldsumme auslösen. Als jedoch die andere kriegführende Partei die Stadt besetzte, waren dic Bürger aus Geldmangel nicht mehr in der Lage, dies noch einmal zu tun. So ging sie an die Soldatenhorden verloren. Ein letztes Mal noch durften sie die Bürger zum Abschied läuten, dann warf sie der Feind vom Turm, zerschlug sie und verkaufte das Erz.

Noch während der napoleonischen Kriege mußten die Stadtverwaltungen den Offizieren des einrückenden Feindes ein Glockengeld zahlen, damit ihr Geläut an Ort und Stelle bleiben konnte, so beispielsweise 1807 in Danzig. Als die Franzosen damals die Glocken in Medrow bei Grimmen beschlagnahmten, sollen diese beim Abtransport der Sage nach an der Ortsgrenze in der Erde versunken sein. Insbesondere im Dreißigjährigen Kriege kam es um die Glocken zu abenteuerlichen Begebenheiten.

Im Jahre 1634 entführte Veit Ulrich von Könitz eine Glocke des Klosters Banz und verkaufte sie dem Stadtrat zu Eisfeld. Von hier ging sie zum Preis von 150 Talern an den Herzog Ernst den Frommen von Gotha. Er ließ sie auf einem der Wachthäuser seines Schlosses Friedenstein aufhängen.

Die Glocken von Tschirma bei Greiz standen in einem Glockenhäuschen neben der Kirche und wurden von den Schweden weggeschleppt. In einem Gehölz, nahe dem späteren Wildetaube, jagte man sie ihnen wieder ab.

Kurios ist die Geschichte des Glockenraubes von Neuhaus-Schierschnitz im Thüringer Wald. Als die Schweden in den Jahren 1632 bis 1634 das Dorf mit Plünderungen heimsuchten, fielen ihnen auch die beiden Glocken in die Hände. Die erste schleppten sie bis hinauf zur Poppenleite, stellten sie dort ab, um die zweite nachzuholen. Als sie mit dieser zurückkamen, war die erste auf rätselhafte Weise vom Erdboden verschwunden. Jedes Suchen blieb erfolglos. Böse Zungen behaupten, das Geläut der katholischen Kirche von Neugerode würde das Geheimnis lüften, indem es folgendermaßen klänge:

»Vo Neiahaus do bin ich raus.
Die Neigeroder hamm mich gemaust.«

51 Die Glocke will in ihrer Heimat bleiben

Großromstedt hat eine alte Kirche, auf deren Turm drei Glocken hängen. Die größte besitzt einen besonders schönen Klang. Dieser gefiel dem baulustigen und gestrengen Herzog Ernst August von Weimar so gut, daß er die Glocke unbedingt in Weimar haben wollte. Er befahl, die Großromstedter sollten sie in Weimar abliefern und dafür eine andere als Ersatz erhalten, die in ihrem Aussehen genau gleich sei. Mit viel Zorn und Widerstreben kamen die Großromstedter dem Befehle nach. Von der Höhe des Schloßturmes sollte sie nun zusammen mit ihren Schwestern zu besonderen Anlässen ihre Stimme erschallen lassen.

Doch in stiller Nacht begann sie von allein zu läuten, so daß große Unruhe über die Einwohner der Stadt kam. Und jedes Mal, wenn sie zu feierlichen Anlässen geläutet werden sollte, verunglückte derjenige, der sie zum Anschlag brachte. Dem Herzog wurden diese unheimlichen Begebenheiten hinterbracht, und er beschloß, die Glocke heimführen zu lassen.

Nun erhielt sie wieder ihren Platz an alter Stelle und erfreute mit ihrem Klang die Herzen der Großromstedter.

Vor dem Dorfe Gatterstädt bei Querfurt stand einst ein altes, dem heiligen Petrus geweihtes Kirchlein. Auf seinem Turm hing ein wohlklingendes Geläut. Das gefiel den Herren von Querfurt so gut, daß sie es gegen den Willen der Gatterstädter wegführten und auf einem Turm ihres Schlosses aufhängten. Doch an ihrem neuen Platz gaben die Glocken keinen Klang. Und da sie auch fernerhin stumm blieben, brachte man sie schließlich wieder nach Hause. Dort fanden sie sogleich ihre Stimme wieder.

Vor langer Zeit holten die Köthener vom Kirchturm in Pißdorf eine besonders wohlklingende Glocke mit Gewalt, weil sie die Dorfbewohner ihnen nicht gutwillig geben wollten. Doch sie kamen nicht weit. Der mit acht Pferden bespannte Wagen rückte nicht mehr von der Stelle, so sehr auch die Fuhrleute die Pferde antrieben. Da mußten die Köthener ihr Vorhaben aufgeben. Zurück in die Heimat reichten vier Pferde aus.

Die Rostocker kauften dereinst den Neuenkirchenern ihre herrlichen Glocken für den Turm ihrer Petrikirche ab. Doch aus dem Handel wurde nichts. Am Rande der Feldmark blieb der mit acht Ochsen bespannte Wagen stehen und ließ sich auch mit Hilfe weiterer acht Ochsen nicht weiterbringen.

Da erkannten die Fuhrleute den Wunsch der Glocken, in ihrer Heimatkirche zu bleiben und führten sie mit wenig Mühe zurück.

52 Die Goldene Glocke von Worbis

Im Dachreiter der Klosterkirche zu Worbis hing in alter Zeit eine goldene Glocke. Sie hatte ihren Namen nach sieben Goldstücken, die als Spende eines Mannes vor dem Guß der Glockenspeise beigemischt worden waren. Weit und breit war sie wegen ihres Wohlklanges berühmt. In der Zeit des Dreißigjährigen Krieges versuchten einige räuberische Soldaten, die Kostbarkeit zu entwenden.

Während sie damit beschäftigt waren, ihr schändliches Vorhaben in die Tat umzusetzen, erschien plötzlich über der Glocke eine geisterhaft große, blaue Hand. Da ergriff die Räuber heftige Angst, und sie flohen vom Turm. Doch auch die Glocke verschwand. Keiner weiß, wohin sie gekommen ist.

53 Die Glocke ruft um Hilfe

Auf dem Feld von Vietlübbe, unweit von Lübz, lag einst das Dorf Stüvendorf und in seiner Nähe stand eine Ritterburg. Der letzte Ritter von Stüvendorf lebte in Fehde mit einem Ritter auf Wangelin.

Dieser schlich sich, als Bauer verkleidet, des Nachts in die Burg, zündete diese an und ermordete den Burgherrn. Doch er kam dabei in den Flammen um.

Noch lange Zeit nach der Zerstörung von Burg und Dorf stand die Kirche unversehrt inmitten der Trümmer. Im Dreißigjährigen Krieg wollten die Schweden heimlich die wegen ihres schönen Klanges bekannten Glocken aus dem Gotteshaus rauben, um daraus Kanonen gießen zu lassen. Als aber die Soldaten Hand anlegten, setzte sich das Geläut von selbst in Bewegung und läutete Sturm. Daraufhin eilten die so gerufenen Bauern mit Äxten, Spießen und Knüppeln herbei und trieben die räuberischen Soldaten in die Flucht.

Zur Sicherheit brachten sie die Glocken nach Vietlübbe. Da das Stüvendorfer Gotteshaus ohnehin baufällig wurde, bauten sich die Vietlübber bald danach eine Kirche, in der die geretteten Glocken aufgehängt wurden.

54 Strafe für Glockenraub

Vom Ristedter Kirchturm und sechs weiteren der Altmark hatte einst ein Offizier Glocken entwenden lassen. Zur Strafe für sein ruchloses Unterfangen ist es ihm in seinen letzten Tagen schlecht ergangen. Das Ungeziefer fraß ihn bei lebendigem Leibe auf.

55 Ritter Hennekes Schacher mit der Glocke

Eine halbe Meile von Röbel liegt das ehemalige Rittergut Ludorf. Einst hatte es der Ritter Henneke besessen. Da er all sein Geld verpraßte, mußte er seinen Besitz verpfänden. Einstmals erschien auf dem Hof ein fremder Pferdehändler. Niemand kannte ihn, aber alle fürchteten sich vor seinem unheimlichen Blick. Er ließ sich bei dem Ritter melden und bot ihm ein rabenschwarzes Pferd von edlem Körperbau und mit starker Mähne an.

Henneke, ein Pferdefreund und kühner Reiter, fand Gefallen an dem schönen Tier und befahl seinem Reitknecht, es vorzureiten. Doch das Pferd warf ihn wieder und wieder ab. Als auch die übrigen Knechte des Tieres nicht Herr werden konnten, sprang der Ritter selbst auf, stieß ihm die Sporen in die Flanken und zwang es mit starker Hand zum Gehorsam.

Als er eine Weile geritten war, fragte er den Pferdehändler nach dem Preis. Dieser forderte eine hohe Summe. Henneke hatte nicht so viel Geld und bot dem Manne als Zugabe eine Glocke von einem in der Nähe stehenden baufälligen Kirchturm an. »Topp!« sprach dieser, »in drei Teufels Namen, das Wort gilt.«

Bald darauf mußte Henneke, über und über verschuldet, Ludorf verlassen. All sein Besitz kam unter den Hammer. Er siedelte sich in einem Häuschen im benachbarten Röbel an. Gern hätte er auch das Pferd verkauft, es fand sich aber kein Käufer. Die Leute meinten, mit dem wilden Roß sei es ein eigen Ding. Gewiß stecke der Böse darin.

In Elend und Armut starb Henneke im Jahre 1638 in Röbel an der Pest, ohne ein Zeichen von Reue oder Besserung. Darum ward ihm auch kein christliches Begräbnis zuteil. Auf einer Schleife wurde er von seinem schwarzen Roß zum Kirchhof geschleppt und dort verscharrt.

Nach der Bestattung lief das unheimliche Pferd in

rasendem Galopp davon und stürzte sich in einem Brunnenschacht zu Tode. Der fremde Roßhändler soll niemand anders als der Teufel gewesen sein.

56 Die Rache der geraubten Glocke

Unweit von Walkendorf bei Tessin lag in längst vergangener Zeit der große Ort Granzendorf. Seine Bewohner waren böse und diebisch und stahlen sogar bei Nacht und Nebel eine Glocke aus der nahen Kirche zu Walkendorf, denn der Geiz verbot es ihnen, Geld dafür auszugeben.

Doch dieses Vergehen brachte das Maß der Sünden zum Überlaufen. Wenig später brach in der Nacht ein Feuer aus, das sich in Windeseile über das ganze Dorf verbreitete. Vergebens zogen die Bewohner die Sturmglocke, um die Einwohner der benachbarten Ortschaften zu Hilfe zu rufen. So sehr sie auch am Glockenseil rissen – die geraubte Glocke blieb stumm. Am anderen Morgen zeigten nur noch rauchende Trümmer die Stelle des einst reichen Ortes an. Einzig der Kirchturm mit der Glocke ragte aus dem Schutt.

Die Obdachlosen siedelten sich in den umliegenden Dörfern an. Vorher versenkten sie jedoch die Glocke im Granzendorfer See. Noch immer ruht sie dort. Wer zur Mittagsstunde des Johannistages ein weißes Tüchlein im See wäscht, kann sie auf dem Seegrunde läuten hören.

57 In Bodenrode zurückgelassen

Schwer hatte auch das Eichsfelddorf Bodenrode unter der Last des Dreißigjährigen Krieges zu leiden. Doch ausgerechnet den Schweden, die die Bewohner am meisten drangsaliert hatten, verdankte der Ort seine Glocke. Bodenrode war Filialkirche von Westhausen und niemals besonders reich. Die Einwohner hatten sich nur ein kleines Glöcklein leisten können. Eines Tages kam wieder eine Horde schwedischer Soldaten. Doch diese hatten es eilig und zogen bald ab. Mit Erstaunen und Freude fanden die Leute auf dem verlassenen Lagerplatz eine große Glocke. In schönen alten Ziffern trug sie die Jahreszahl 1508.

Die Bauern überlegten nicht lange und hängten das wertvolle Stück in ihrem Kirchturm auf. Ihr angenehmer Klang ruft seitdem die Gemeinde zum Gottesdienst.

58 Die versenkten Glocken

Im Oktober 1632 machten Pappenheims wilde Söldnerscharen die Gegend um Mühlhausen unsicher. Der alte Pfarrer Moringk hatte zur Abwendung drohender Kriegslasten von den verarmten Gliedern seiner Gemeinde zweihundert Goldgulden gesammelt. Damit ging er ins Pappenheimsche Lager, um für seine Gemeinde Bechstedt einen Schutzbrief zu erwirken. Während der Verhandlungen zog er sich die Feindschaft eines Hauptmanns zu.

Bei der Rückkehr ihres geistlichen Hirten stellten die Bechstedter enttäuscht fest, daß ihr schönes Geläut im Schutzbrief nicht enthalten war. Vermutlich war dies kein Zufall, da manche Glocke schon in Pappenheims Kanonengießerei gewandert war. Darum beschlossen die Einwohner, das Geläut schleunigst im Dorfbrunnen zu versenken. Doch unter ihnen befand sich ein Verräter, der Förster Kurt Pfeffer vom Rockenbühl. Dieser hatte schon etliche Male um die Hand der Pfarrerstochter angehalten. Sie hatte ihn jedoch wegen seines rohen Lebenswandels abgewiesen. Nun sah er eine Möglichkeit der Rache. Er eilte zum Söldnerlager bei Mühlhausen und suchte den mit dem Pastor verfeindeten Hauptmann auf. Der sammelte eine Schar wilder Gesellen um sich, entfernte sich mit diesen heimlich, überfiel das Dorf und brannte es nieder. Wer nicht fliehen konnte, wurde niedergehauen. Zur Rechtfertigung des Verbrechens sollten als Nachweis die im Brunnen versenkten Glocken dienen. Der Hauptmann ließ über dem Brunnen eine starke Winde aufrichten, der verräterische Förster legte mit Hand an und band das starke Tau fest. Das räuberische Tun schien zu gelingen, die Glocke hob sich und näherte sich dem Brunnenrand.

Da erscholl ferner Hufschlag. Die Pfarrerstochter hatte aus Pappenheims Lager Hilfe geholt. Die Räuber ließen die Winde im Stich, um auf ihren Gäulen zu fliehen. Allein konnte der Förster das Wellrad nicht halten, es riß sich los und zerschmetterte ihm den Schädel.

Die Bechstedter bauten sich im Laufe der folgenden Zeit in Kammerforst neue Häuser. Ihr Heimatdorf blieb eine Wüstung, seine Kirchenglocken ruhen in der Tiefe.

IV Nicht von Menschenhand geläutet

59 Das Gänsemädchen von Mehler

In Mehler lebte einst eine arme Frau mit ihrer Tochter. Der Mann war frühzeitig gestorben. So wuchs das Mädchen ohne Vater auf. Die Mutter mußte Tag für Tag schwer arbeiten, das Mädchen war sich selbst überlassen und hatte sieben kleine Gänschen als Gespielen. Bei der Geburt des Kindes hatte eine Fee Pate gestanden und ihm die Gabe verliehen, die Stimmen der Tiere zu verstehen und sich mit ihnen zu verständigen. Jahre vergingen, das Mädchen hatte ein Alter erreicht, in dem es mit auf dem Felde arbeiten mußte. Eines Tages, als alle auf dem Acker waren und das Dorf wie ausgestorben lag, brach im Hause des Mädchens Feuer aus. Die Gänse begannen zu schreien, doch ihre Stimmen reichten nicht bis hinaus zu den Leuten. Da flogen die Gänse in ihrer Not hoch in die Luft, hin zur Kirche und setzten mit ihrem Flügelschlag die Klöppel in Bewegung. Die Dorfbewohner eilten nach Hause und konnten das Feuer noch rechtzeitig löschen.

Aus Dankbarkeit für ihre Rettungstat wurden die Gänse nicht geschlachtet und blieben noch lange Zeit treue Gefährtinnen des Mädchens.

60 Der blinde Gaul von Vineta

In der alten Stadt Vineta stand ein Glockenhaus Tag und Nacht für jedermann offen. Glaubte jemand, ihm sei Unrecht geschehen, begab er sich dorthin und läutete die Glocke.

Einmal fand der altersschwache Gaul eines reichen Handelsherrn den Weg zum Glockenhaus, erfaßte mit dem Rest seiner Zähne das Glockenseil und läutete. Die Richter ordneten an, daß der Besitzer das Tier, das ihm lange Jahre treu gedient hatte, bis zum Lebensende zu pflegen und zu versorgen habe. Ein Wärter mußte darüber wachen, daß der Gaul keine Not litt.

61 Ein Bulle läutet die Weihnacht ein

Die Gemeinde Alten-Gaarz wollte einst das Glockenläuten am Heiligabend von sieben bis acht Uhr abschaffen. Da fingen alle vier Glocken auf dem Kirchturm von selbst zu läuten an.

Vor der Kirche versammelten sich verwunderte und verstörte Menschen. Doch sie konnten nicht den Turm betreten. Die Tür war fest verschlossen. Küster und Pastor schließlich öffneten die Tür und stiegen hinauf in den Glockenstuhl. Dort fanden sie an der großen Glocke einen schwarzen Bullen stehen, der das Glockenseil zwischen den Zähnen hielt und eifrig daran zog. Die übrigen drei Glocken läuteten von allein mit. Um acht Uhr stürzte sich der Bulle brüllend aus dem Schalloch, das Geläut verstummte.

Seitdem hat die große Glocke den Namen »Der Schwarze Boll«.

Ähnliches berichtet die Sage vom Dorfe Recknitz. Dort hatte ein weißer Stier das Amt des Glöckners übernommen. Willig ließ er sich die steile Treppe hinabführen. Unten angekommen, war er plötzlich verschwunden.

62 Das Wächterglöckchen zu Weimar

In Weimar hängt auf der Stadtkirche zu St. Peter und Paul das frühere Rathausglöckchen, auch Schwedenglöckchen oder Geisterglöckchen genannt.

Als Herzog Alba mit seinen Soldaten in Thüringen einfiel und die Absicht hatte, Weimar zu nächtlicher Stunde zu überrumpeln und zu plündern, erhob das Glöcklein ohne menschliche Hilfe seine Stimme und rief die Bürger zur Wehr. Die Spanier sahen so ihren Plan vereitelt und wandten sich zur Flucht. Die Stadt war gerettet. Ein zweites Mal warnte es die Weimarer Bevölkerung vor einem Angriff der Schweden. Diese hatten heimlich nahe der Altenburg alles zum Angriff vorbereitet, als das Glöcklein erklang. Zur gleichen Zeit erschien dem jungen Prinzen Johann Ernst eine lichte Gestalt und gebot ihm, seinen Vater zu wecken und ihm zu verkünden, daß der Stadt große Gefahr drohe.

Seitdem wurde bis zum Jahre 1806 die treue Glocke jede Nacht um zwei Uhr geläutet.

63 Das Kroatenglöcklein

Zu Walldorf hängt außen am Kirchturm ein Glöcklein, das Kroatenglöcklein genannt. Es rettete im Dreißigjährigen Kriege manchem Einwohner des Dorfes das Leben. Die Kroaten hausten damals im Werratal mit Mord und Brand. Das Volk fürchtete sie ärger als den Teufel. Als sich nun ein solcher wüster Haufen Walldorf näherte, begann dieses Glöcklein zu läuten. Das war ein großes Wunder, denn es besaß keinen Klöppel und hing für die Hand eines Menschen unerreichbar. Die Gemeinde wußte dieses Zeichen wohl zu deuten und gewann so Zeit, um wenigstens das nackte Leben zu retten.

Die Kroaten brannten alles nieder, nur der Kirchturm

mit dem Glöcklein blieb stehen. Dieses erhielt zu Ehren seiner wunderbaren Hilfe den Namen Kroatenglöcklein.

64 Die Glocke ruft zur Menschlichkeit

Ein alter Müllergeselle kam eines Abends sterbenskrank in ein Dorf, brach an der Kirchhofsmauer zusammen und verstarb, weil sich keine mitleidige Seele fand, die ihm hätte helfen wollen. Am anderen Morgen fanden die Leute den Toten. Sie gruben an Ort und Stelle ein Loch und zerrten den Leichnam wie ein verendetes Stück Vieh mit einem Misthaken in die Grube.

Da begannen mit einem Male die Glocken mit menschlicher Stimme vom Kirchturm zu rufen:

»Dei Klocken können sowoll
für Arme as för Rike gan!«

Das traf die Bewohner mitten ins Herz, und sie gewährten dem Toten ein christliches Begräbnis.

65 Das Läuten in der Grafschaft Hohnstein

Im Jahre 1619 fingen in der Grafschaft Hohnstein im Südharz eines Tages alle Glocken von allein an zu läuten. Verwundert und betroffen eilten die Türmer hinzu. Da schwieg das Geläut. Doch es konnte niemand ermittelt werden, der es verursacht hatte.

Das Volk brachte dies mit der Verbreitung der neuen Lehre Dr. Martin Luthers in Verbindung.

66 Die Totenglocke von Kalbe

Vor dem Städtchen Kalbe an der Milde steht das sogenannte »Feste Haus«, ein Schloß der Herren von Alvensleben. Darin hing früher eine Glocke, die von selbst anschlug, wenn ein Angehöriger aus dem Geschlecht derer von Alvensleben starb, selbst, wenn sich sein Tod in fernem Land ereignete. Von Ursprung und Verbleib dieser Glocke weiß die Überlieferung nichts zu berichten.

67 Die Glocke begrüßt ihren Spender

Zur Zeit der Franzosenkriege lag in Schwaan ein französischer Offizier bei einer armen Witwe in Quartier. Als er wieder ins Feld ziehen mußte, übergab er der Frau eine ziemlich hohe Summe Geldes mit der Weisung, es für ihn bis zu seiner Wiederkehr zu verwahren. Sollte er in Jahresfrist nicht zurück sein, könne sie das Geld für sich verwenden.

Das Jahr verstrich, der Offizier kehrte zum abgesprochenen Zeitpunkt nicht wieder. Da spendete die Frau einen großen Teil des Geldes für den Guß einer Glocke, den Rest behielt sie als Notpfennig. Wie erschrak sie, als der Besitzer des Geldes doch nach einiger Zeit wieder ins Dorf kam. Als sie ihm über den Verwendungszweck berichtet hatte, war er einverstanden und zog seines Weges. Doch als er das Haus verließ, begann die von seinem Solde angeschaffte Glocke fröhlich zu klingen und begleitete seinen gesamten Weg durch die Feldmark des Dorfes mit ihrem Läuten. So dankte sie ihm.

68 Glocken klagen Versprechen ein

Der Uhrmacher Zoll war vertraglich verpflichtet, das Geläut des Ortes Picher instand zu halten. Er hatte auf Entlohnung verzichtet, doch bat er, daß nach seinem Tode zu seinem Gedenken eine Woche lang zu bestimmter Zeit geläutet werden sollte.

Nach dem Heimgang des Mannes erfüllte man am ersten und zweiten Tag seinen Wunsch. Am dritten dachte der Küster: »Ach was, Zoll ist tot, Angehörige hat er nicht; wem schadet es, wenn ich nicht mehr läute.«

Doch er hatte nicht mit den Glocken gerechnet. Zur festgelegten Stunde bewegten sie sich von allein und verschafften dem Verstorbenen damit sein Recht.

Auf ähnliche Weise verhielten sich die Glocken von Camin. Nach dem Stiftungsvertrag eines Verstorbenen sollten sie abends von neun bis zehn Uhr zu seinem Gedächtnis erklingen. Den Caminern schien diese Verpflichtung lästig, und sie verlegten das Läuten auf den Nachmittag. Aber damit waren die Glocken nicht einverstanden.

69 Das gespenstische Betglöcklein

Droben auf dem Glöckner nahe Ruhla haust ein gespenstischer Waldbruder in einer unsichtbaren Einsiedelei. Die Waldleute hören das Betglöcklein dieser gespenstischen Klause des öfteren von ferne läuten, doch niemand weiß genau, woher es schallt.

70 Das Kirchengesicht zu Schlettau

Im Jahre 1520 betrat ein fremder Mönch die Studierstube des katholischen Geistlichen Magister Johannes Küttner. Er nannte als seinen Namen Benno und erzählte, er sei vor hundert Jahren Pfarrer in Schlettau gewesen. Zu jener Zeit habe die Schlettauer Geistlichkeit die Kirchenschätze vor den Hussiten in Sicherheit gebracht. Nur noch ein silbernes Kruzifix habe auf dem Altar gestanden. Benno habe es über dem Hochaltar im Osten der Kirche eingemauert. Als der gespenstische Bruder seinen Bericht beendet hatte, ertönten ein Donnerschlag und ein Schrei, und der Spuk war verschwunden.

Am nächsten Tage vertraute Magister Küttner dem Kirchner den Vorfall an und forderte ihn auf, am Mittag des folgenden Tages ihn mit Hammer und Meißel zu begleiten, um das Kleinod aus seinem Versteck zu holen. Der Kirchner war aber ein ungetreuer Gesell. Er schlich schon in der Nacht zuvor zur Kirche und öffnete das Versteck. Er hatte auf große Schätze gehofft. Verärgert darüber, daß sich nur das Kreuz vorfand, zerschlug er es. Da begannen die Glocken zu läuten und kündeten von der Freveltat. Der Pfarrer erwachte und eilte mit anderen aus dem Schlaf gerissenen Bürgern zur Kirche.

Dort bot sich ihnen ein schreckliches Bild. An der Wand hing der Küster, sein Kopf klemmte, zu Stein geworden, in dem von ihm gehauenen Loch.

Der Pfarrer ließ dieses Steinbild fest einmauern. Seitdem blickt es ernst und drohend von seiner Höhe hernieder und warnt jeden, der das Gotteshaus in frevelhafter Absicht betreten sollte.

71 Das Bleichermädchen von Rostock

Einst lebte in Rostock ein schönes und tugendsames, jedoch sehr armes Bleichermädchen. Ein reicher Kaufmannssohn verführte es, indem er ihm ewige Treue versprach. Dann ließ er es im Stich und verlobte sich mit einer Tochter aus vornehmem Hause.

Eines Tages traf er das von ihm verlassene Mädchen, das ihm eröffnete, es sei von ihm schwanger. Vor den Folgen bange, stürzte er es ins Wasser. Am anderen Morgen fand man die Leiche. Da die Meinung herrschte, die Betrogene habe Selbstmord begangen, sollte sie kein ehrliches Begräbnis erhalten.

Am Tage der Beerdigung, am Dienstagabend, begannen

die Glocken der Marienkirche von selbst zu läuten, im weiten Raum des Kirchenschiffes brannten die Kerzen, von unbekannter Hand entzündet, so, als wenn ein Vornehmer zur letzten Ruhe gesegnet würde. Sogar die Orgel spielte von selbst.

Die Menschen packte das unerklärliche Geschehen, und der Mörder in seiner Gewissensnot gestand die Tat und verfiel der gerechten Strafe.

Noch lange danach läuteten am Dienstagabend in Rostock zur Erinnerung an dieses Ereignis die Glocken. Dann sagten die Leute: »Hört, das Bleichermädchen wird begraben.«

72 Das Totenglöcklein von Blankenburg

Hilda, die Tochter eines Grafen von Blankenburg am Harz, liebte den stattlichsten Ritter des Landes, Reinhold von Hohenstein. An Kraft und Schönheit kam ihm nur sein Freund Dittrich, genannt Eisenarm, gleich.

Dittrich gab sich freundschaftlich, doch in seinem Innern zehrte der Neid über das Glück Reinholds. Tag und Nacht sann er darüber nach, wie er die schöne Hilda für sich gewinnen könnte.

Als der Graf eines Tages mit seinen Gewappneten die Burg verlassen hatte, um gegen die Raubritter im Oberharz zu ziehen, überfiel Dittrich das nahezu wehrlose Kastell in der Absicht, das Fräulein zu entführen. Zu seiner Enttäuschung mußte er feststellen, daß dieses zu Besuch bei Verwandten weilte. Zornig verwüstete er die Burg. Doch als der Burgherr zurückkam, tat Dittrich freundlich wie zuvor; so kam er nicht in den Verdacht, der Übeltäter gewesen zu sein. Als an einem Abend Reinhold und Hilda in trautem Gespräch im Burggarten saßen, erklang plötzlich das Totenglöcklein. Gleichzeitig schrie das Fräulein entsetzt auf, denn wenige Schritte von ihnen entfernt sah sie gespensterhaft eine weiße Frauengestalt vorüberschweben, die drohend winkte und einen klagenden Laut ausstieß. Erst als der Kaplan ins Tal stieg und das Glöcklein anhielt, schwieg es.

Am gleichen Abend noch mußte Reinhold die Burg verlassen. Am Waldessaum vertrat ihm ein Ritter in fremder Kleidung den Weg und forderte ihn zum Kampf. Reinhold unterlag. Die Begleiter des Mörders vergruben die Leiche im Walde und töteten auch das Pferd. Anderntags brachte ein Bauer die Nachricht aufs Schloß, daß das Roß des Ritters von Hohenstein erstochen im Wald liege. Niemand fand eine Spur von dem Toten. Da wußte Hilda, wem das Läuten des Totenglöckleins gegolten hatte.

Ritter Dittrich gebärdete sich vor Hilda als des Toten bester Freund in der Hoffnung, mit der Zeit ihr Herz zu gewinnen. Doch Hilda war untröstlich. Als er das Leid sah, was er ihr angetan hatte, packte ihn die Reue. Zur Nachtzeit bat er den Abt des Klosters Michaelstein, ihm die Beichte abzunehmen. Zur Buße sollte Dittrich an einem Kreuzzug ins Gelobte Land teilnehmen.

In der Zeit seiner Abwesenheit starb der Graf von Blankenburg. Hilda blieb allein mit ihrer Trauer. Ihre Freundinnen hatten sich von ihr zurückgezogen. Sie meinten, durch das viele Leid sei Hilda nicht mehr richtig im Kopf.

Jahre vergingen, bis Dittrich vom Kreuzzug zurück war. Er warb um Hildas Hand, und sie willigte ein. Der Tag der Hochzeit wurde bestimmt, und Hilda begann endlich, das viele Leid zu vergessen.

Wie vor Jahren einst Reinhold, so schied eines Abends auch Dittrich von der Geliebten. Als er den Burgberg hinunterritt, erklang wiederum das Totenglöcklein schauerlich durch die mondhelle Nacht. Dieses Mal galt es ihm. Unweit des Klosters Michaelstein versperrte ihm ein gespenstischer Reiter den Weg. Es war der Geist des von ihm getöteten Reinhold. Kurz war der Kampf, bis Dittrich einen tödlichen Streich erhielt.

Über das weitere Schicksal Hildas weiß die Sage nichts zu berichten. Doch in hellen Mondnächten kann es geschehen, daß sich geisterhafte Ritter entgegenreiten und miteinander fechten. Dann ist es, als wenn das Totenglöcklein in das Waffengeklirr mit einstimmt.

73 Der gespenstische Läutemann zu Zittau

In der Johanniskirche zu Zittau, die heute nicht mehr steht, ließ sich zuweilen ein Franziskanermönch im Glokkenstuhl sehen und ergriff das Seil der sogenannten Bürger- oder Bierglocke, die abends um neun Uhr geläutet wurde. Zuvor legte er jedesmal seine Kutte ab, als hindere sie ihn bei seinem Vorhaben.

Der richtige Glöckner spielte dem Gespenst einen Schabernack, nahm ihm die Kutte weg, knöpfte sie sich unter den Rock und ging höhnisch lachend nach Hause. Der halbnackte Mönch suchte verzweifelt sein Kleidungsstück.

Am nächsten Morgen knöpfte sich der Glöckner die Kutte wieder unter den Rock und ging etwas früher als sonst zur Kirche, um seines Amtes zu walten. Sein Mut sank sichtlich, als er schon von weitem die spindeldürre Gestalt des halbbekleideten Geistes sah, der mit heftigen Gebärden um die Rückgabe seiner Kutte flehte. Froh, daß ihn der Weg nicht gerade unmittelbar an dem Gespenst vorbeiführte, eilte er in den Turm und schlich sich nach dem Läuten wieder heim, ohne daß ihn der Geist verfolgte. Es schien, als sei er innerhalb bestimmter Grenzen gebannt.

Täglich sah nun der Glöckner das betrogene Gespenst. Doch er wagte nicht die Rückgabe aus Furcht, dieses könnte ihm den Hals brechen. Die Gewissensbisse peinigten ihn. Genau ein Jahr nach der bösen Tat starb er mit dem letzten Glockenschlag der von ihm geläuteten Glocke.

Von da ab zeigte sich der Geist nur noch jeweils am Jahrestag des Kuttenraubes und flehte um die Rückgabe seines Gewandes. Doch keiner fand es, der Dieb hatte es vermutlich vernichtet. Mitleidige Menschen besorgten ihm ein neues, doch die Gestalt hob es nur auf und besah es von allen Seiten. Da sie aber bemerkte, daß es nicht ihr altes, sondern ein Ersatz dafür war, legte sie es wieder hin und ging unter kläglichen Gebärden davon. Und so kehrte der gespenstische Mönch immer wieder, bis im Siebenjährigen Krieg der Turm der Johanniskirche in Trümmer sank.

74 Glockenruf rettet Mutter und Kind

Auf dem Rittergut Torgelow stand vor Zeiten ein Ritterschloß. Als die Frau des Ritters in Geburtswehen lag, schickte der Herr des Schlosses einen Diener nach der nahen Stadt Waren, um einen Arzt zu holen. Der Diener und der Doktor verirrten sich auf dem Rückweg in der Dunkelheit, bis sie das Geläut der Glocken von Waren wieder auf den rechten Weg führte. Zum Dank gelobte der Ritter, er wolle jeden Abend die Glocken in Waren läuten lassen, um Verirrten auf den rechten Weg zu helfen.

Die Torgelower Gutsherrschaft hatte noch lange Zeit dem Nachtwächter der Stadt, der das Läuten zu besorgen hatte, alle zwei Jahre ein Paar neue Stiefel als Läutelohn zu geben. Später trat eine kleine Summe Geldes an die Stelle.

Nur am Abend eines jeden Sonnabends wurde nicht geläutet. Das hatte folgenden Grund: Eine fromme Frau in Waren hatte sich an einem solchen Tage früh zu Bett gelegt. Sie wachte vom Läuten der Irrglocke auf und glaubte, es sei Zeit für die Frühmesse, stand auf, zog sich an und ging zur Kirche.

Das Gotteshaus war offen, die Orgel spielte, und die Gemeinde sang. Die Frau nahm Platz, blickte sich um und gewahrte entsetzt lauter Gesichter von Verstorbenen. Da floh sie nach Hause, legte sich todkrank zu Bett und starb nach wenigen Tagen.

Seitdem gab es kein Abendläuten mehr am Sonnabend, damit die Lebenden nicht zu den Toten gerufen werden.

75 Am Weihnachtsabend gerettet

Vor langer Zeit waren zwei adlige Fräulein, die auf dem Gut Goldenbow bei Camin wohnten, am Tage vor Weihnachten nach Wittenburg gegangen.

Auf dem Rückweg brach die Nacht herein und in dem weißen Gedämmer verirrten sie sich. Es hätte nicht viel gefehlt, und sie wären vor Erschöpfung nicht weitergekommen und erfroren.

Da hörten sie die Kirchenuhr in Camin neun Uhr schlagen. Der Schall verhalf ihnen auf den rechten Weg. Zum Dank für ihre Rettung stifteten sie alljährlich zum Heiligabend von neun bis zehn Uhr ein Glockengeläut.

Als die Caminer einst aus Bequemlichkeit dieses Läuten auf den Nachmittag verlegten, fingen zur rechten Zeit die Glocken von selbst zu läuten an.

76 Glocke ruft verirrten Jäger auf den rechten Weg

Ein pommerscher Herzog hatte sich auf der Jagd in der Ueckermünder Heide verirrt und fand den rechten Weg zur Heimkehr nur dadurch, daß er dem Geläute der Ueckermünder Glocken nachritt.

Aus Dankbarkeit für seine Errettung aus der Not ließ er vor der Stadt eine Kapelle erbauen und bestimmte, daß in dieser zu bestimmten Nachtstunden mit der Glocke geläutet werde, damit Verirrte den Heimweg fänden.

77 Das »Stimmen« der Tennstedter Glocke

Früher wurde in Tennstedt jeden Mittag elf Uhr und vor Sonnenuntergang mit der Glocke angeschlagen. Das »Stimmen«, wie es der Volksmund nannte, sollte den Landmann auf dem Felde zu einem stillen Gebet veranlassen und zur Heimkehr mahnen. Die Sage kennt den Anlaß dieses Brauches:

In einer finsteren, stürmischen Novembernacht fuhr eine Kutsche mit einer vornehmen Dame in die Irre, weil der Kutscher den Weg verfehlt hatte. Schließlich langte sie bei den im Westen der Stadt befindlichen Wasserlöchern an. Die Verirrten wären unrettbar verloren gewesen, wenn nicht plötzlich die Tennstedter Glocken angeschlagen worden wären. So fanden sie den rechten Weg und erreichten ohne Schaden die Stadt. Aus Dankbarkeit stiftete die gerettete Dame einen Geldbetrag, von dessen Zinsen das »Stimmen« bestritten werden sollte.

78 Most-Märten

Bis um 1870 erhielten alle Beamten und Diener sowie sämtliche Schüler der Knabenklassen in der Stadt Schmalkalden am 10. November, dem Martinstag, aus einer Stiftung eine bestimmte Menge Weinmost gespendet.

Die Sage erklärt diesen Brauch:

In alten Zeiten, als der Wald um Schmalkalden noch dicht und wild war, verirrte sich ein reicher Handelsherr aus Schweinfurth in den Bergen zwischen Trusen und Schmalkalden. Viele Stunden suchte er nach dem rechten Weg, bis ihn im Morgengrauen die Glocken der Stadt mit ihrem Klange halfen. Zum Dank für seine Rettung legte er eine Summe Geldes in die Hand des Rates, damit von den Zinsen alljährlich am Tage seiner Errettung eine Portion Weinmost an die oben Genannten verabreicht werde. Die Glocke, deren Klang jener Handelsherr gefolgt war, die »große Oster« genannt, ist später gesprungen und umgegossen worden. Das Bild des Reisenden soll noch in der Mitte des vorigen Jahrhunderts unter dem Namen »Most-Märten« im Rathaus zu Schmalkalden gehangen haben.

79 Das Gebet des Raymundus

Etwa eine halbe Wegstunde vom Dorfe Körner entfernt liegt auf der Höhe der Ortsteil Volkenroda. Einst stand hier ein reiches und angesehenes Kloster der Zisterziensermönche. Der vierte Abt hieß Raymundus. Im Jahre 1195 kam Markgraf Albrecht von Meißen nach seinem unglücklichen Gefecht gegen Herzog Wilhelm von Braunschweig auf seinem Rückzug nach Volkenroda. Der Herzog war dem Grafen dicht auf den Fersen. Da holte Raymundus den Verfolgten ins Kloster und gewährte ihm Schutz. Mit seinem Gebet befahl er den Grafen und das Kloster dem Schutze des Herrn an. Der Herzog, obgleich er die Klosterglocken läuten hörte, konnte das Kloster nicht finden und mußte unverrichteter Dinge abziehen.

80 »De Klock hett twölw«

In Hagenow rief der Nachtwächter, wenn es Mitternacht schlug, lange Zeit: »De Klock hett twölw – twölw is de Klock!« Bei den anderen Stunden jedoch rief er zum Beispiel: »De Klock hett tein slagen – tein is de Klock!« Daß er beim Ausrufen der Mitternacht eine Ausnahme machte und das Wort »slagen« wegließ, hängt so zusammen:

Als die Stadt Hagenow ihren ersten Nachtwächter anstellte, wurde ihm aufgetragen, seinen Stundenruf beim alten Rathaus zu beginnen, das in der Nähe der Kirche lag. Als er dort zu Mitternacht rief: »De Klock hett twölw slagen«, fragte eine sonderbar klingende Stimme aus dem Schalloch des Turmes: »Wat hett de Klock?« Der Nachtwächter erschrak nicht wenig ob des ungewöhnlichen Rufes hoch vom Turm, faßte sich aber und erwiderte: »Twölw hett de Klock slagen.«

Wie er aber »slagen« über seine Lippen brachte, fühlte er einen so heftigen Schlag am Kopf, daß es ihn fast zu Boden warf, ging nach Hause, legte sich sterbenskrank auf sein Lager und war nach drei Tagen tot.

Seitdem rief der Nachtwächter in Hagenow zur zwölften Stunde nur: »De Klock hett twölw!« und ließ das »slagen« weg.

81 Gespenstischer Possen

Einst hatte einer der Nachtwächter von Röbel die Aufgabe, die Wächterglocke auf dem Turm der Neustädter oder St.-Nicolai-Kirche zu läuten, um damit den Einwohnern mitzuteilen, daß er und seine Kameraden jetzt für ihre nächtliche Sicherheit sorgen.

Als eines Abends der Wächter wie gewöhnlich das Läuteseil zur Hand nehmen wollte, war es ihm, als zupfe man es ihm von oben her neckend aus der Hand.

Anfangs meinte er, es sei eine Täuschung und faßte kräftiger zu. Und wieder wurde es ihm aus der Hand und nach oben gezogen. Ärgerlich griff der Mann zum dritten Male zu, jetzt zog ihn das Seil mit in die Höhe. Nun mußte er, ohne die Glocke geläutet zu haben, den Turm verlassen. Das wiederholte sich am nächsten Abend. Natürlich fiel es den Einwohnern auf, daß der gewohnte Klang unterblieb. Da berichtete der Mann von seinem Erlebnis. Nun riet man ihm, beim nächsten Male den Geist oder wer es auch immer sein möge, anzusprechen.

Der dritte Abend kam und mit ihm die Stunde des Läutens. Viele Neugierige begleiteten den alten Mann auf seinem Wege zum Turm. Wieder wurde ihm das Tau aus der Hand gezogen. Da rief er nach oben: »Wißt du lüden, ora soll ick lüden? Sünst will ich 'a vangahn.« Doch statt einer Antwort zog es ihm das Seil wiederum weg. Da ergriff alle Anwesenden ein Grauen, und sie verließen flugs den Turm.

Seitdem traute sich niemand mehr des Abends an diese unheimliche Stelle, und die Wächterglocke wurde nicht mehr geläutet.

82 Die steinerne Frau bei Rosenberg

Nicht weit von der Stelle entfernt, an der sich das Theodor-Körner-Denkmal befindet, liegt bei Rosenberg auf dem Feld ein Stein, der einer auf den Knien liegenden jätenden Frau ähnelt. Ihr Kopf scheint mit einem Tuch umwunden, auf der Schulter ist der Eindruck eines Pferdehufs zu erkennen.

Die Sage weiß zu berichten, daß dieser Stein einst eine Frau gewesen sei, die sich nicht um Gott und alle Welt geschert habe.

Eines Sonntags war sie morgens mit Flachsjäten beschäftigt, als im benachbarten Kirchdorf Vietlübbe die Glocken den Beginn des Gottesdienstes anzeigten.

Da nahte sich ein weißgekleideter Reitersmann auf einem Schimmel und mahnte sie, am Tag des Herrn die Kirche zu besuchen. Doch die Frau beachtete die Mahnung nicht. Der Reiter verschwand. Als die Glocken verstummten, nahte ein schwarzgekleideter Reiter auf einem schwarzen Roß und setzte mit einem gewaltigen Sprung über die Frau hinweg. In dem Augenblick, als der Hufschlag des schwarzen Rosses ihre Schulter traf, war sie in Stein verwandelt.

83 Die Klosterglocke narrt den Teufel

Am Wandlitzsee soll einst ein Kloster gestanden haben. Nach der Sage soll der See diesem seine schmackhaften Fische zu verdanken haben. Besonders die Maräne, ein Edelfisch aus der Familie der Lachse, war den Klosterinsassen während der vierzigtägigen Fastenzeit vor Ostern eine sehr willkommene Speise. Doch der Wandlitzsee konnte sie ihnen nicht bieten. Einem der Mönche lag die Leckerei so am Herzen, daß er sich deshalb sogar mit dem Teufel verband. Für den Genuß der begehrten Maräne verschrieb er ihm seine Seele. Bedingung war, daß der Geselle mit dem Pferdefuß ihm den Fisch in der ersten Nacht nach dem nächsten Neumond Schlag zwölf liefert. Bis dahin waren noch drei Wochen Zeit. Da bekam der Bruder Leichtfuß Gewissensbisse und Angst um seine Seele. Endlich fand er eine Lösung. Am Abend vor dem gefährlichen Handel stellte er die Turmuhr des Klosters zehn Minuten vor. Als nun der Höllenfürst mit Getöse nahte, erreichte er eben noch das dem Kloster gegenüberliegende Ufer. Da schlug die Uhrglocke zwölf Mal. Voll Wut über die verpaßte Zeit, warf er den Sack mit den Fischen in den See. So kam der Mönch zwar nicht zu seinem Fischgericht, der Wandlitzsee aber zu den Maränen.

84 Der Spuk im Dom zu Stendal

Joachim I., Kurfürst von Brandenburg, hielt sich gern in Stendal auf und ist auch dort gestorben. Er war ein Gegner der Reformation. Wenn er zum Gottesdienst ging, mußte jedesmal ein Mönch auf die Domtürme steigen und durch die Schallöcher die Leute auf der Straße beobachten, ob sie beim Klang der Betglocke auch alle stille standen und sich nach altem Brauch bekreuzigten. Wenn der Späher jemanden entdeckte, der dies nicht tat, mußte er ihn dem Kurfürsten anzeigen, der den Widerspenstigen als Ketzer bestrafen ließ.

Die Einwohner Stendals haßten den Kuttenmann deshalb aus vollem Herzen und wünschten ihm, daß er nach seinem Tode keine Ruhe finden möge. Darum mußte er noch lange nach seinem Tode als Geist jedesmal, wenn die Betglocke erklang, weiterhin von den Domtürmen auf die Straße schauen.

So erzählte es sich die evangelische Bevölkerung. Die Stendaler Katholiken hingegen meinten, im Dom spuke ein evangelischer Geistlicher. Um Mitternacht schwebe ein mit Predigerrock und Halskrause bekleidetes Gerippe an den Fenstern der Sakristei auf und ab. Wer aber dieser unruhige Geist ist, weiß keiner zu sagen.

85 Küster und Glockenruf

Der Küster zu Warnemünde hatte dereinst zu Ostern Anspruch auf ein Deputat, das ihm die Bürger in Form von Naturalien zu zahlen hatten. Darum rufen die Glocken auch seinen Wunsch ins Land:

»Dei kort'n Wüst, dei kort'n Wüst (= Würste)
dei mag ich nich, dei mag ich nich,
dei lang'n, lang'n, lang'n!«

Auf die vielfältigen beruflichen Pflichten des Küsters macht die Glocke von Klütz aufmerksam. Anfang dieses Jahrhunderts versahen die Brüder Heinrich und Dietrich Blenk dieses Amt.

»Min Hinner, min Hinner, min Hinner,
min Dieter, min Dieter, min Dieter,
Klockenlürer, Klockenlürer, (= Glockenläuter)
Bälgetreter, Bälgetreter,
Kulengräwer, Kulengräwer, (= Grubengräber)
Kirchhofswächter, Kirchhofswächter.«

86 Ein Brummer

Die Leute von Uhrsleben wurden von den Nachbarorten des öfteren wegen ihrer Glocke geneckt. Vielleicht steckte auch ein wenig Neid mit dahinter, daß sie es zu einer so großen Glocke gebracht hatten. Denn diese hatte einen so tiefen Klang, daß das Dorf spottenderweise »Uhrsleben – bumm – bumm« genannt wurde.

87 Geiziger Mühlpaulus

Im vorigen Jahrhundert erhielt die Kirche zu Langenwetzendorf im Greizer Land neue Glocken, die zum Teil aus Spenden der Bevölkerung angeschafft wurden.

Ein sehr wohlhabender, im Dorf aber als höchst geizig verschrieener Bauer, der den Spitznamen »Mühlpaulus« oder »Mühlpaulis« führte, hatte seine Spende sehr gering bemessen, wenn er überhaupt etwas beigesteuert hatte. Als die neuen Glocken eingeläutet wurden, sangen die Wetzendorfer auf den Dreiklang fis – h – dis im Rhythmus den Spottreim:

»Gei-zi-ger Mühl-pau-lus!«

Diesen bis in die zwanziger Jahre erhaltenen Spottreim sang die Schuljugend gern, sobald die Glocken läuteten.

88 Unverbesserlich

Ein Soldat vom ehemaligen Regiment Liknowski war ein unverbesserlicher Säufer und erhielt des öfteren nachdrückliche Bestrafungen und Ermahnungen. Schließlich versprach er, sich zu bessern. Das Versprechen hielt er drei Tage, am vierten las ihn die Wache wieder aus dem Rinnstein auf.

Als man ihn im Verhör fragte, weshalb er rückfällig geworden sei, antwortete er: »Es ist nicht meine Schuld. Als ich über den Lustgarten ging, läuteten die Glocken vom Dom herab: Pomeranzen – Pomeranzen! ›Läut', Teufel, läut'!‹ sprach ich und gedachte meines Vorsatzes und trank nichts. In der Königsstraße steh' ich einen Augenblick, um mich auszuruhen, vor dem Rathaus still. Da bimmelt es vom Turm herab: Kümmel – Kümmel! Ich sage zum Turm: ›Bimmle du, daß die Wolken reißen!‹ und gedenke meines Vorsatzes, obgleich ich durstig war. Da führt mich der Teufel über den Spittelmarkt, und da ich eben vor einer Kneipe stehe, wo mehr denn dreißig Gäste beisammen waren, tönt es vom Spittelturm herab: Anisette – Anisette – Anisette! ›Was kostet das Glas?‹ frag' ich. ›Sechs Pfennige.‹ – ›Geb her!‹ sag' ich. Und was weiter aus mir geworden ist, weiß ich nicht.«

89 Die Glocke von Bucha

Als im altenburgischen Dorf Bucha die Kirmes eingeläutet werden sollte, hing die Glocke nicht mehr im Glockenstuhl. Einzig Pastor und Küster konnten sich das Rätsel nicht erklären. Die übrigen Dorfbewohner wußten wohl Bescheid. Die stärksten Männer des Ortes hatten sie heimlich abgeseilt, damit ihre Frauen reihum den kostbaren Gegenstand als Mörser zum Stampfen ihres Mohns für den Kirmeskuchen brauchen konnten.

90 Der verlorene Klöppel

Einmal fehlte der Kirchenglocke von Kleinbucha der Klöppel. Eifrig suchten die Einwohner das Gelände ab. Da entdeckten sie ein Maulwurfsloch und gruben nach. Doch sie hatten kein Glück. Während des Grabens streckte ein Nachbar den Rücken und sah den Klöppel in einem Spinnennetz hängen, das sich vom Kirchturm bis zu einem benachbarten Zwetschenbaum hinzog.

91 Glockenersatz

Hirschbach, eine bei Langenwetzendorf im Greizer Land gelegene Siedlung, hatte drei Wahrzeichen: eine einzige gemeinschaftliche Uhr, die von Nachbar zu Nachbar wechselte, einen einzigen Hahn, dem die Hühner des Ortes zugeführt wurden, und statt einer Glocke eine rote Hose.

Da der Ton der Glocken vom Pfarrdorf Langenwetzendorf nicht bis zu der kleinen Siedlung reichte, ging vor jedem Gottesdienst ein Mann in roter Hose durch den Ort, um den Leuten durch ein sichtbares Zeichen kundzutun, daß Sonntag sei.

92 Ein mißlungenes Probeläuten

Die Gemeinde Möckers hatte im Jahre 1869 die kleine Glocke für ihr Geläute bestellt, und als sie eintraf, konnte keiner die Zeit erwarten, zu hören, ob sie wohlgelungen sei. Nun war aber ihr Platz im Glockenstuhl noch nicht fertig. Da kam der damalige Schultheiß auf den Gedanken, sie an einen Schaukelring im Türrahmen seiner Wohnung aufzuhängen. Dann öffnete er die Fenster und brachte die Glocke zum Probeläuten ins Schwingen.

Da brach unter der Last der Schaukelring, und die eben erst angekommene Glocke lag zerbrochen in der Stube.

93 Vom Salzunger Rathausglöckchen

Im See bei Bad Salzungen ruht eine Glocke, und keinem ist es bisher gelungen, sie wieder ans Tageslicht zu ziehen.

Als Salzungen noch »das Silberstädtchen« genannt wurde, gab es einen Krieg, in dessen Verlauf der Feind auch die Stadt bedrohte. Die Bürger bangten um ihr Hab und Gut, am meisten aber um ihr schönes Glöckchen im Rathausturm.

In dieser Zeit kam ein Fremder in die Stadt, erfuhr von den Sorgen und schlug dem Rat vor, doch das Glöcklein abzunehmen und im See zu versenken.

Dankbar nahm der Schultheiß diesen Rat entgegen, und wenig später schon lag der Schatz in einem Nachen, den kräftige Männer hinaus auf den See ruderten. Froh darüber, ihr Glöckchen vor dem drohenden Raub in Sicherheit gebracht zu haben, legten sie wenig später wieder am Ufer an. Doch da gab es lange Gesichter. Keiner, so schien es, hatte bedacht, die Stelle im See zu kennzeichnen, wo sich das Versteck befand. Da lächelte einer verschmitzt und zeigte auf eine Kerbe in der Bordwand des Kahnes, die er mit seinem Messer in dem Augenblick eingeschnitten hatte, als die Glocke im Wasser versank. Da waren die Herren des Stadtrates des Lobes voll über den klugen Einfall.

Der Fremde zog, reich belohnt, lachend weiter nach Wasungen. Dort war kurz zuvor der Bürgermeister gestorben. Die Leute waren sich nicht einig, wen sie in dieses Amt einsetzen sollten. Da schlug ihnen der Fremde vor, den Mann zu nehmen, der in Salzungen die Kerbe in die Bordwand des Kahnes geschnitten hatte. So gab Salzungen seinen klügsten Ratsherrn nach Wasungen als Bürgermeister ab.

Als die Zeitläufe wieder ruhiger wurden, suchten die Leute allerdings vergeblich nach der verborgenen Glocke. Böse Geister schienen sie in der Tiefe der Fluten verschleppt und gebannt zu haben.

Der Fremde, der bald darauf seine Reise werraaufwärts fortsetzte, soll Till Eulenspiegel gewesen sein.

94 Ein Wettlauf um die Glocke

Unweit Rübeland, im Schwefeltal, wühlte einst eine Sau eine Glocke aus. Der Hirt der Schweineherde brachte die Nachricht von dieser Entdeckung schnell unter die Leute. Weil die Fundstelle genau an der Grenze der Gemarkungen von Hüttenrode und Elbingerode lag, erhoben beide Orte Anspruch auf den Fund. Nach hitzigem Streit einigten sie sich so: Wer am nächsten Morgen zuerst an Ort und Stelle sei, dem soll die Glocke gehören.

Die Hüttenroder schliefen in dieser Nacht nicht. Schon vor Mitternacht brachen sie mit kräftigen Männern, einem Pferdefuhrwerk sowie Seilen und Winden auf.

Als sie die Glocke aufgeladen hatten, hörten sie die Leute aus Elbingerode kommen. Nun hieß es auf und davon. Doch in der Eile verloren sie einen der Bolzen, die die Räder auf den Achsen halten. Schnell steckte einer der Männer statt dessen seinen Finger in das Loch, und die Fahrt ging weiter. Zwar riß ihm das Rad den Finger ab, doch der Schatz war geborgen.

Darum heißen die Hüttenroder seitdem »Stummelfinger« oder »Stumpeldumen« und »Klockendeif«, das heißt Glockendieb. Die Hüttenroder gaben jedoch den Spott zurück, indem sie die Elbingeroder Langschläfer und Schlafmützen nannten.

Dort, wo die Glocke in der Erde geruht hatte, entsprang eine Quelle von einer solchen Stärke, daß sie bis 1849 eine Papiermühle antrieb.

95 Warum die Grubenhagener ihre Glocken behielten

Die Glocken von Grubenhagen waren wegen ihres Wohlklanges weithin bekannt. Bei günstigem Wind sollen sie bis zum Petridamm in Rostock zu hören gewesen sein. Der Herzog zu Schwerin sagte eines Tages seinen Besuch in Grubenhagen an, um die berühmten Glocken zu besichtigen und aus der Nähe anzuhören.

Nun trau einer den großen Herren! Das Dorf hegte den Verdacht, daß er ihnen die Glocken, wenn ihm das Geläut zusagen sollte, nach Schwerin entführen könnte. Bevor Hoheit eintraf, umwanden die Grubenhagener ihre Glokken mit nassen Leinentüchern. Sie klangen nun gedämpft und schauerlich.

Als der Herzog dieses Geläut vernahm, meinte er enttäuscht, er habe in Schwerin viel bessere Glocken. So blieben die schlauen Bauern im Besitz ihrer wertvollen Glokken.

Einen ähnlichen Streich berichtet die Sage aus Jüterbog. Dort hatten die Einwohner Erz, Gold und Silber für eine Glocke gesammelt, die dann so gut geriet, daß alle begeistert waren. Da hätte sie der Erzbischof von Magdeburg gern für den Magdeburger Dom gehabt.

Im Jahre 1501 kam er nach Jüterbog, um sich an Ort und Stelle von der Qualität der neuen Glocke zu überzeugen. Dem Rat der Stadt schwante nichts Gutes, und er ließ Tücher um den Klöppel binden. Matt und dumpf klang nun das Prachtstück. Da schüttelte der geistliche Herr nur enttäuscht den Kopf und meinte, sie sei zu schlecht für den Magdeburger Dom.

96 Warum in Straußfurt viermal zum Gottesdienst geläutet wurde

Bis in unser Jahrhundert hinein riefen in Straußfurt die Glocken viermal zum Gottesdienst. Das ist sonst nicht üblich. Schuld daran soll Martin Luther sein. Die Bürger der Stadt hatten ihn gebeten, auf einer Durchreise doch auch einmal bei ihnen zu predigen. Freundlich hatte er es ihnen versprochen.

Für den Sonntag mit diesem großen Ereignis trafen die Einwohner vielerlei Vorkehrungen. Bis zu der Zeit, da der Gottesdienst gefeiert werden sollte, war von dem berühmten Manne nichts zu sehen. Die Glocken läuteten wie üblich dreimal, dann schickte der Rat Boten auf die Landstraße, um Ausschau zu halten. In der Nähe von Weißensee, dort, wo heute die Saale-Unstrut-Bahn auf der Strecke Straußfurt–Großheringen die Landstraße von Straußfurt nach Weißensee überquert, fanden sie Luther schlafend an einem Quell. Der wohlbeleibte Mann hatte sich, ermüdet von der warmen Witterung, dort zur Rast gesetzt und war eingeschlafen. Als die Boten mit dem Gast in Straußfurt einzogen, mußten die Glocken zum vierten Male läuten, um alle die ins Gotteshaus zurückzurufen, die enttäuscht wieder nach Hause gegangen waren.

Seitdem wurde in Straußfurt viermal geläutet. Die

Quelle, an der Luther sein Schläfchen gehalten hatte, hieß von da ab, wie das danebenliegende Gut, Luthersborn.

97 Die wandelnde Glocke

Goethes Gedicht von der wandelnden Glocke geht auf einen Scherz zurück, über den des Dichters Sekretär Riemer berichtet: »Das Ganze beruht auf einem Scherz und Spaß, den Goethes Sohn August und ich mit einem kleinen Knaben zu treiben liebten, der des Sonntags kurz vor der Kirchzeit uns besuchte und bei beginnendem Geläute, besonders der durchschlagenden großen Glocke, sich zu fürchten schien. Nun machten wir ihm weis, die Glocke steige wohl von ihrem Stuhl herab, käme über Markt und Straße herangewackelt und könne sich leicht über ihn herstülpen, wenn er sich draußen blicken lasse. Diese wackelnde einbeinige Bewegung bildete der humor- und scherzreiche August mit einem ausgespannten Regenschirm dem Kinde vor. Wir erzählten Goethe davon, der aus dieser Posse weiter nichts zu machen schien. Nach langen Jahren überraschte er mich durch Zusendung seines Gedichtes, das aus einer kindlichen Fabel eine lehrreiche Fabel entwickelte.«

Es war ein Kind, das wollte nie
zur Kirche sich bequemen,
und sonntags fand es stets ein Wie,
den Weg ins Feld zu nehmen.

Die Mutter sprach: »Die Glocke tönt,
und so ist dir's befohlen,
und hast du dich nicht hingewöhnt,
sie kommt und wird dich holen.«

Das Kind, es denkt: die Glocke hängt
da droben auf dem Stuhle.
Schon hat's den Weg ins Feld gelenkt,
als lief es aus der Schule.

Die Glocke, Glocke tönt nicht mehr,
die Mutter hat gefackelt.
Doch welch ein Schrecken hinterher!
Die Glocke kommt gewackelt.

Sie wackelt schnell, man glaubt es kaum;
das arme Kind im Schrecken,
es läuft, es kommt als wie im Traum;
die Glocke wird es decken.

Doch nimmt es richtig seinen Husch,
und mit gewandter Schnelle
eilt es durch Anger, Feld und Busch
zur Kirche, zur Kapelle.

Und jeden Sonn- und Feiertag
gedenkt es an den Schaden,
läßt durch den ersten Glockenschlag
nicht in Person sich laden.

Johann Wolfgang von Goethe

VII Anhang: Beispiele für Glockenbräuche und Glockenaberglaube

98 Vermeintliche Heilwirkung der Glocke

Es ist erstaunlich, welche Heilkraft der Aberglaube der Glocke einst zuschrieb. In Langenfeld bei Bad Salzungen war es Brauch, den an Krämpfen leidenden Kindern abgefeilte Glockenspäne einzugeben. In Mecklenburg sagte man: »Wenn man 'n Schaden hett, sell man sick Klockenschall holen. Man möt mit de Feil' wat affielen von de Kirkenklock.«

Abgefeilte Glockenspäne wurden auch den Kühen ins Futter gemischt, um sie vor Krankheit zu schützen und zu hoher Milchleistung anzuregen.

Nicht nur dem Erz der Glocke schrieb der Volksglaube zauberische Kräfte zu, ebenso der gesamten Einrichtung für die Glocke.

In Lichtenhagen bei Rostock wurden aus abergläubischen Gründen immer wieder die Glockenseile gestohlen, so daß man sie schließlich durch Ketten ersetzte. Ein Stück vom Glockenstrang, mit Salz den Kühen ins Futter gegeben, sollte deren Gedeihen fördern. Ein Geldstück, in den Glockenstrang gedreht und davon etwas abgeschnitten und der Kuh unters Futter gemischt, zöge die Milch aller Kühe im Umkreis auf sie. Um 1920 berichtete der Schloßpfarrer von Cottbus, eine Landfrau habe ihn um ein Stückchen vom Glockenseil gebeten; sie wolle damit die Ohrenschmerzen heilen. Man müsse das Stück verbrennen und die Asche in das kranke Ohr reiben. Um den »Ohrenzwang« zu heilen, bediente man sich in Sachsen eines Stückchens Glockenseil, das glimmend unter das kranke Ohr gehalten wurde, damit der Rauch einwirken könne.

Glockenschmiere war ein begehrtes Heilmittel. Ein Pflaster oder eine Salbe daraus galten als Heilmittel gegen Schwerhörigkeit, Rachitis, offene Wunden, Gelenkschmerzen, Geschwüre und Hämorrhoiden. Ja, selbst Stummen sollte sie die Sprache wiedergeben, Kinder vor Brüchen und Wöchnerinnen vor dem Einfluß von Hexen bewahren. Den Läutern der Stadtkirche zu Schleiz war es bei Verlust ihres Amtes verboten, Glockenstrang, Glockenschmiere, Taufwasser oder Wachs aus der Kirche an die Bevölkerung abzugeben.

Zur Heilung von Bettnässern schrieb man ihren Namen vor Beginn des Sonntagsläutens auf den Innenrand des Glockenmantels.

Bei den Glockengießern scheint früher der Glaube verbreitet gewesen zu sein, daß sie selbst oder der Pfarrer am Tage der Glockenweihe sterben würden, wenn das Glockenseil beim Aufziehen der Glocke reiße, sich der Klöppel löse oder sich ein anderes Unglück ereigne. So etwas soll im Jahre 1806 in Thierbach bei Plauen dem Glockengießer Ulrich widerfahren sein.

99 Die Wirksamkeit des Glockenläutens

Oftmals war die Geistlichkeit gezwungen, bestimmten Entartungen im Glockenbrauchtum entgegenzutreten. In der zweiten Hälfte des 16. Jahrhunderts führte der Pfarrer zu Teichwitz heftige Klage über das »Todaustreiben«:

»Es pflegten auch jerlich Alt und Jung beyde die Abgettische Gewohnheit zu halten in den Fasten, das sie den Todt außtreiben von einem Dorff zum anderen und pflegen auch wol daruff in unser Nachbarschaft in die Kirchen zu lauffen und mit allen Glocken zusammenzuschlagen, das sie bey uns vor ettlicher Zeit auch gethan haben, das der Tod das ganze Jahr über nicht kommen könnte. Ja, wenn sie ihn austreiben, so setzen sie einer jungen Braut für die Tür ein grüne Meyen und setzen sie mitten im Dorff zum Wahrzeichen das solch Werck wider den Tod kreftig sey.«

Die Wundrose versprach man im Vogtland unter dem Geläute der Glocken mit der Formel:

»Alle Glocken werden geklungen,
alle Messen werden gesungen,
alle Evangelien gelesen,
damit segne ich die Rose und das Wesen«
(Es folgt Anruf der Trinität)

Im thüringisch-vogtländischen Raume sagt das heiratswillige Mädchen beim Abendläuten am Andreastag (30. November) folgenden Spruch:

»Eas, beas, deas,
lieber Sankt Andreas,
läß 'ne Allerliebsten mein
mir in dare Nacht erschein'n.
Wenn 'r is im Hause hier,
bitt ich dich, dann zeig' 'ne mir
'ne Sunntog an dr Kerchentür;
is 'r ower net im Hause hier,
führ' 'ne mir in Traume vür.«

Oder das Mädchen brach am Andreasabend während des Gebetläutens ein Stück Holz von einem Erbzaun oder verbrannte ein Stück gestohlenes oder neunerlei Holz. Der Vorname dessen, der während des Verbrennens die Stube betritt, sei auch der des künftigen Gatten.

In Orlamünde löffelten die Brautleute, sobald die Hochzeitsglocken verstummt waren, gemeinsam eine Schüssel Suppe aus, symbolhaft für ein künftiges harmonisches Eheleben.

Das Entwöhnen des Säuglings sei erfolgreich, wenn es in Thüringen am Gründonnerstag beim Geläute der Kirchenglocken geschah, die Mutter dem Säugling zum letzten Mal die Brust gab und den »Zuller« oder »Nubbel« verkaufte.

In Dörfern der ostthüringischen Pflege Reichenfels setzte sich der Brautzug nicht eher in Bewegung, als bis die Glocken »ausgelauten« hatten.

Beim Mittagsläuten kehrte man die Stube aus und warf den Kehricht an den Zaun zum Schutz gegen Flöhe.

In den mecklenburgischen Dörfern gehörte es noch vor fünfzig Jahren zum Brauch, während des Glockenläutens die Gurkensamen in einem Eimer zum Stecken zu tragen, dann würden die Gurken so groß wie der Eimer. Auch wurden Gurken- und Kürbiskerne während des Einläutens des Himmelfahrtsfestes gesteckt. Von der Dauer des Läutens hing die zukünftige Größe der Früchte ab.

In einem Bauernhof bei Stavenhagen glaubte man, daß derjenige, der in der Neujahrsnacht zuerst die Kirchenglocke läutet, im kommenden Jahr die beste Gerstenernte habe. Zur Verbesserung der Rapsernte wurde früher in Dederstedt im Mansfelder Seekreis in der Erntezeit jeden Morgen um zwei Uhr die Kirchenglocke geläutet. Kohlpflanzen, am Gründonnerstag unter Glockengeläute gesät, sollten besser gedeihen. Erbsen werden nicht von Vögeln gefressen, wenn die Saat sonnabends beim Läuten der Betglocke gesteckt wird. Die Samen der Levkojen säten Thüringer Bauern unter dem Zusammenläuten aller Glocken bei zunehmendem Monde. Das volle Geläut ließ gefüllte Blüten erwarten.

Auf uraltes Brauchtum geht zurück, wenn im sächsischen Erzgebirge die Obstbäume während des »Christläutens« zur Christmette mit Milch begossen wurden. Die Milch als ein die Fruchtbarkeit förderndes Mittel sollte einen guten Obstertrag bewirken. Dem gleichen Zweck diente auf den Dörfern überall in Deutschland der Brauch, die Obstbäume mit ährentragenden Getreidegarben oder Strohseilen zu umwickeln, während zu Weihnachten oder Neujahr die Festglocken läuteten. Von Hohndorf bei Greiz wird dieser Brauch noch um 1930 bezeugt. Auch das Schütteln der Bäume in dieser Zeit soll reichen Fruchtsegen bewirken. Hier spielt noch die Vorstellung unserer Vorväter vom beseelten Baum eine Rolle. Die Einwohner des Dorfes Möhra in Thüringen schüttelten am Karfreitag ihre Obstbäume, wenn der Läuter mit den Glocken »die drei Zeichen« gab.

In Mecklenburg zog die Bäuerin eine Gans, die nicht legen wollte, während des Festgeläutes durch die Sprossen der Kirchturmleiter. Auch warfen dort die Bauern den Sand, der unter dem Glockenstrang lag, über die jungen Gänse, um sie vor schädlichem Einfluß durch Hexen zu schützen.

Uns heutigen Menschen scheint es kurios, daß unsere Vorfahren auf Grund des ähnlichen Wortklanges den heiligen Bonifatius zum »Bohnenmännchen« machten. An seinem Tag, dem 14. Mai, möglichst während die Uhr zu Mittag schlägt, steckten sie die Bohnen nach dem Motto »viele Glockenschläge – viele Bohnen«.

100 Das Sterbegeläut

Im Mittelalter sollte das Totengeläut die bösen Geister vom Trauerzug fernhalten. Darum läuteten die Trauergäste zugleich mit den Kirchenglocken Handglocken. In manchen Orten Sachsens war es Brauch, den mit dem Tode Ringenden unter Läuten von Glöckchen zu umschreiten, um ihn vor bösen Einflüssen zu schützen.

Mancherorts zeigte die Art des Läutens Geschlecht, Alter und soziale Stellung der Toten an. Mit dem »Heimläuten« wollten unsere Vorfahren die Seele des Gestorbenen »in den Himmel läuten«. Von schlimmer Vorbedeutung war es, wenn die Uhrglocke schlug, während der Totenzug auf dem Weg zum Friedhof war. War es die Viertelstundenglocke, stürben im laufenden Jahre viele Kinder. Die Stundenglocke sagte den Tod vieler Erwachsener voraus (Vogtland). Wenn die Uhrglocke ins Vaterunser, den Segen oder das Amen schlug, stürbe bald darauf jemand aus der Verwandtschaft des Toten.

Das Zusammenschlagen der Uhrglocken von Kirchturm und Rathaus, so daß nur ein Klang vernehmbar ist, sollte ankündigen, daß bald »jemand Großes« sterbe. (Lobenstein) Dies mag mit ein Grund sein, weshalb früher vielerorts Kirchturm- und Rathausuhr ein wenig in ihrer Zeitangabe voneinander abwichen.

Um Warzen an Händen und im Gesicht zum Absterben zu bringen, umwickelte man sie während eines Trauergeläutes mit einem Seidenfaden und bedeckte sie mit dem Saft des Schöllkrautes, vom Volksmund darum auch Warzenkraut genannt (Chelidonium majus L.). Dazu sagte man:

»Sie lauten einer Leich'
meiner Warzen zugleich.«
(Es folgt Anruf der Trinität)

Waren Menschen als Hexen verschrien, schlugen die Nachbarn der Verstorbenen während des Zugrabeläutens auf die Türschwelle, damit sie nicht wiederkehrten.

All diese uns höchst abergläubisch anmutenden Handlungen zeigen, wie tief verwurzelt die Liebe zur Glocke bei unseren Vorfahren war. Das Totengeläut war nicht nur Abschied für den, der seinen irdischen Tag beendet hatte, es wirkte gleichzeitig als Zuspruch für die Leidtragenden, denen es in Erinnerung rufen wollte, daß wir, ob wir leben oder sterben, in Gottes Hand geborgen sind.

Abschied

Wohlauf, wohlan zum letzten Gang!
Kurz ist der Weg, die Ruh ist lang.
Gott führet ein, Gott führet aus.
Wohlauf; hinaus.
Kein Bleiben ist im Erdenhaus.

Du Herberg' in der Wanderzeit,
gehab dich wohl und laß dein Leid.
Schließ nur getrost die Pforte zu.
Was trauerst du?
Dein Geist geht hin zur ew'gen Ruh'.

Ihr Glocken, tönt hochfestlich drein
und läutet hell den Sabbat ein,
der nach des Werktags kurzer Frist
durch Jesum Christ
für Gottes Volk vorhanden ist.

Pfarrer Christian Sachse,
Altenburg, um 1855

101 Vom Wetterläuten

In einer Schrift des berühmten deutschen Kanzelredners Geiler von Kaisersberg (1445–1510) heißt es: »In Sommerzeiten / wo es blitzet vnd donnert leudt man alle glocken / festenlich glaubendt / dasz an diesem Schall die Teuffel in die Flucht geschlagen / nit einschlagen. Die glocken sind aber gemeintlich gesegnet vnd von dem Bischof getaufft für alle Ungewitter / deshalb wirdt geglaubet / sie seien mächtig / das Wetter zu vertreiben ... Es würt darausz genommen / dasz man wider der Wetter leutet / dasz man mit dem leuten die bösen geist vertreibt / so sie hören die trommeten gottes / die glocken. Wann sie im alten gesetz da bruchten sie trummeten als wir ietz die glocken.«

In der Taufe erhielt die Wetterglocke oft den Namen eines Wetterheiligen, zum Beispiel St. Donatus oder St. Agatha. Ihr Läuten sollte auch gegen Feuersbrünste und Feindesgefahr in Kriegszeiten helfen. Die Glockeninschrift der Glocke »Gloria« im Dom zu Merseburg, der sogenannten Schnurre, lautet:

»SI GLORIA SONAT TURBOR /
PROCUL HOSTIS ET IGNIS.«

In freier Übersetzung:

»Wenn Gloria Sturm läutet,
bleiben das Böse und das Feuer fern.«

Luther betrachtete das Wetterläuten von einem anderen Standpunkt aus:

»Der Glockenruf in Gewittersnot
sei ein Wahrzeichen zu frommem Gebet.«

Später lehnte die evangelische Kirche das Wetterläuten ab, weil das Volk dort, wo es noch üblich war, in abergläubischen Vorstellungen über eine magische Wirkung der Glocke verharrte.

Der Kirchenhistoriker W. Menzel vertrat die Meinung, »man habe in Deutschlands frühchristlicher Zeit die Gewitterglocken geläutet, um die Neubekehrten von der Angst zu befreien, Donar nahe rachgierig in schrecklichem Gewitter und um an die Gegenwart Gottes auch während des Gewitters zu erinnern«.

Schulmeister, Küster oder Glöckner erhielten für ihre Arbeit bei Wetterläuten eine Entlohnung in Form von Naturalien unter der Bezeichnung »Wettergarbe«.

Selbst dann, als das Wetterläuten von der Obrigkeit untersagt war, blieb es noch lange bei dieser Zuwendung.

Oft kam es wegen des Wetterläutens zu Mißstimmung zwischen einzelnen Dörfern. Es wurde die Meinung vertreten, das Wetterläuten lenke das Gewitter in eine andere Richtung. So befürchteten die Nachbarorte, das Unwetter würde ihnen zugeläutet.

In Ostthüringen dürfte sich das Wetterläuten in Zoppoten am längsten erhalten haben, wo es zwischen 1893 und 1898 abgeschafft wurde. In die Kirche zu Zoppoten schlug am 4. August 1893 der Blitz und beschädigte das Mauerwerk, während der Kantor dicht daneben die Wetterglocke läutete. Er wurde betäubt und litt seitdem an Nervenstörungen.

Als am 5. Juni 1783 an der Saalburger Saalebrücke »ein Wetterstrahl am Draht bis in die Stube gefahren war«, erließ der Graf die Verordnung, daß bei Nahen eines Gewitters mit allen Glocken in drei abgesetzten Pulsen ein Warnzeichen zu geben sei.

Aus Görkwitz, Kreis Schleiz, ist ein Gebet beim Wetterläuten erhalten:

Gebet, wenn man an die Glocke schläget

Herr Gott, jetzund schläget man an die Glocke,
Dadurch werden wir zur Buße gelocket.
Schlag mit Deinem Wort an unsere Herzen,
Damit wir nicht mit der Sünde scherzen,
Wir haben bisher ja nicht bedacht,
Wie das Leben wir haben zugebracht
mit Sünd' und Unbußfertigkeit.
Das ist uns allen von Herzen leid
Und bitten Dich aus Herzensgrund,
Herr Jesu, verleih' uns allen eine glückselige Stund',
Christlich zu leben, selig zu sterben,
Eine fröhliche Auferstehung,
Mit Dir in den Himmel einzugehen.
Soll das die letzte Stund' zum Tode sein,
So hilf uns, Gott, allen in Himmel gehn ein.

102 Glocke und Glockenläuten in sprichwörtlichen Redensarten

Von einem Geheimnis, das bald in aller Munde sein wird, sagt der Norddeutsche: »Dat ist goot, as wenn 't an de groot Klock bunnen ist.« Als niederdeutsche Redensart heißt »an de Klocke slaan« soviel wie übertreiben.

Wenn der Vogtländer sagt: »Wos na de gruße Glock hänge«, dann dürfte das darauf hindeuten, daß einst

Klage- und Beschwerdezettel an die Glocke geheftet worden sein sollen, um auf diese Weise mit dem Glockenklang Kunde von dem Unrecht zu geben, das der Beschwerdeführer erlitten hat. Der Rostocker Geistliche R. Gryse drückt den Gedanken in seiner Laienbibel so aus: »... ock datsülwe nich an den Klockenreep (Glockenseil) bynden unde allenthalben utlüden.« Schon bei Grimmelshausen (1622–1676) heißt es, wenn jemand über etwas Bescheid weiß, er wisse, was die Glocke geschlagen hat.

War eine Angelegenheit erledigt, eine Sache abgemacht, dann hieß es bei Luther und in anderen Schriften dieser Zeit oftmals: »Die Glocke ist gegossen.«

Von jemandem, dessen Tod bald zu erwarten ist, sagt der Mecklenburger: »Für dänn hätt et gelütt.«

In einem Fastnachtsspiel läßt Hans Sachs einen Kuhdieb die Befürchtung äußern, gestraft zu werden, »daß ich drob auff eim hanffen Pferd ein Schwengel in der Feldtglocken werd.« (Am Galgen aufgehängt werde) »Die große Glocke läuten« bedeutet, sich mit einem Anliegen an die letzte Instanz wenden. Dies mag daher rühren, daß an Sonn- und Festtagen, wenn hohe Geistliche das Amt versahen, die große Glocke geläutet wurde.

Daß nicht jede Rede klug ist, umschreibt der Volksmund mit der Redensart: »Die Kühe läuten auch« oder »Die Schafschelle ist auch ein Geläut« oder »Nicht jedes Geläut ist schön«. Für lügen schreibt Hans Sachs oft: »Die Lügenglocke schellen.« Wenn jemand mit mangelhaften Kenntnissen renommiert, sagt man: »Er hat's läuten gehört, aber nicht zusammenschlagen.« Dieses schon bei Luther bekannte Wort geht auf einen alten kirchlichen Brauch zurück, als zum Hauptgottesdienst zunächst zweimal mit einer einzelnen und beim drittenmal mit sämtlichen Glocken geläutet wurde.

Von einem, der nichts Genaues gehört hat, sagt der Norddeutsche: »He heft wat lüden gehört, weet aber nich in welk Kärch.«

Wenn Kinder beim Sitzen mit den Beinen baumeln, sagt der Volksmund verschiedentlich dazu »den Esel zu Grabe läuten«. Aus früheren Zeiten ist die Redewendung überliefert: »Mit Eselsglocken zu Grabe läuten.« Das bedeutet die Bestattung eines ehrlosen Menschen ohne Glockengeläut auf dem Schindanger, entsprechend Jeremia 22,19: »Er soll wie ein Esel begraben werden, fortgeschleift und hinausgeworfen vor die Tore Jerusalems.«

103 Thüringer Volkshumor um die Glocke

Besonders im Kapitel über versunkene und wiedergefundene Glocken war öfters die Rede davon, daß die Glokken verraten, auf welche Weise sie gefunden worden seien. Auch der Volkshumor ist im Spiele, wenn dem Glokkenläuten Worte unterlegt werden. An Beispielen aus Thüringen soll das deutlich werden.

Die Glocken in Horba, Kreis Rudolstadt, riefen: »Macht Kinner, macht Körbe, maust Holz« oder »Tut's Fleesch in Topf.«

In Kirchheim bei Erfurt stellten die Glocken fest: »Die armen Bauern sind zu bedauern.«

Die Glocken von Leinefelde riefen: »Leinefelde liegt im Gelde.«

In Gillersdorf bei Ilmenau klang das Trauergeläut: »Ich bin gestorben, kann nichts dafür.«

Die Glocken von Eichfeld bei Rudolstadt verraten: »Zwiebeln, Gurken, Bohn'n is alles, was wir hohn.«

Vom Stolz der Bauern künden die Glocken von Niederkrossen bei Orlamünde: »Wir sin Bauern, wir bleib'n Bauern.«

Die Glocken von Ostramondra bei Sömmerda verspotteten die Großtuerei mancher Bauersfrauen mit ihrem Sonntagsstaat: »Gruße Metzen (Mützen), geborgtes Band.«

Der Dreiklang der Glocken von Großkochberg hält die Erinnerung an die Goethezeit wach: »Der Herr von Stein, der kommt herein, mit sein'm Fräulein.«

In Dienstädt läuteten die Glocken: »Mer ham net viel!«

Noch ärmer sind die Kleinbuchaer dran: »Mer ham gar nischt!«

In Osthausen steht das Wirtshaus neben der Kirche. Darum läuten die Glocken: »Zum grünen Baum.«

In Schierschnitz begrüßten die Glocken die Leiche: »Kumm när rei – kumm när rei!« Und bei der Ankunft auf dem Friedhof triumphierten sie: »Ho ich dich – ho ich dich!«

Wortspielerei führt auch zu der Behauptung, daß die »Gloriosa« im Erfurter Dom von allen Glocken der Welt am längsten läute. Erklingt sie zu Ostern, dann höre man das bis Pfingsten. Wer sich in Geographie und zugleich in Erfurter Mundart auskennt, weiß jedoch, daß das in der Nähe von Erfurt gelegene Pfungstedt (mundartlich »Pfungsten«) gemeint ist. Das Wörtlein »bis« ist also nicht zeitlich, sondern räumlich zu verstehen.

Recht spitze Zungen haben die Nachbarn von Wittersroda bei Jena. Im Jahre 1876 behauptete man dort, die Glocke in diesem Ort sei deshalb gesprungen, weil Würmer hineingekommen seien.

Kurios ist auch die Geschichte vom »Salatglöckchen« in Heiligenstadt. Alljährlich zwischen Ostern und Michaelis (29. September) ruft abends die helle Stimme eines kleinen Glöckchens über die Dächer der Stadt. Im Volksmund heißt es das »Salatglöckchen«. Man darf annehmen, daß es ursprünglich »Salutglöckchen« hieß, da während seines Läutens in den Familien der »Engel des Herrn ...« (Englischer Gruß – salutatio angelica) gebetet wurde.

Bevor es in der Stadt eine Wasserleitung gab, befanden sich in fast allen Straßen Brunnen. Dort trafen sich gegen Abend viele Frauen, um Tagesneuigkeiten auszutauschen. Dabei mögen sie in Sommerzeiten auch Salat gewaschen haben. Das Glöcklein rief hierbei: »Salat – Salat – Salat!« So mag aus der Bezeichnung Salutglöckchen das lustige Salatglöckchen geworden sein.

Auch aus anderen Städten sind volkstümliche Namen für Glocken bekannt. Die Cliusa – Klingerin – im Merseburger Dom nennt der Volksmund Schnarre, die Vincentia im Erfurter Dom Schreier, das Rathausglöckchen in Anklam Nachtigall. Aus dem verbreiteten Glockennamen Osanna machte der Volksmund Susanna, Anna Susanna oder, wie in Schmalkalden, »die große Oster«.

104 Nachtwächterlied

Hört, ihr Herrn, und laßt euch sagen:
unsre Glock' hat zehn geschlagen.
Zehn Gebote setzt Gott ein,
gib, daß wir gehorsam sein.

(Refrain)
Menschenwachen kann nichts nützen,
Gott muß wachen, Gott muß schützen.
Herr, durch deine Güt' und Macht
gib uns eine gute Nacht.

Hört, ihr Herrn, und laßt euch sagen:
unsre Glock' hat elf geschlagen.
Elf Apostel blieben treu;
gib, daß hier kein Abfall sei!
(Refrain)

Hört, ihr Herrn, und laßt euch sagen:
unsre Glock' hat zwölf geschlagen.
Zwölf, das ist das Ziel der Zeit.
Mensch, bedenk die Ewigkeit!
(Refrain)

Hört, ihr Herrn, und laßt euch sagen:
unsre Glock' hat eins geschlagen.
Eins ist allein der ew'ge Gott,
der uns trägt aus aller Not.
(Refrain)

Hört, ihr Herrn, und laßt euch sagen:
unsre Glock' hat zwei geschlagen.
Zwei Wege hat der Mensch vor sich;
Herr, den rechten lehre mich!
(Refrain)

Hört, ihr Herrn, und laßt euch sagen:
unsre Glock' hat drei geschlagen.
Drei ist eins, was göttlich heißt,
Vater, Sohn und Heil'gen Geist.
(Refrain)

Hört, ihr Herrn, und laßt euch sagen:
unsre Glock' hat vier geschlagen.
Vierfach ist das Ackerfeld;
Mensch, wie ist dein Herz bestellt?
(Refrain)

Alle Sternlein müssen schwinden,
und der Tag wird sich einfinden.
Danket Gott, der uns die Nacht
hat so väterlich bewacht!
(Refrain)

Anmerkungen
Literatur
Register

Anmerkungen

I Von Glockengießern und Silberglocken

Mit dem Aufblühen der Städte im 13. Jahrhundert ging der Glokkenguß, den bisher kundige Mönche erledigten, mehr und mehr in die Hände von Handwerkern über. Metallgießer, wie Rot- und Gelbgießer, Kannen- und Grapengießer, die anfangs vorwiegend Taufbecken, Weihwasserkessel, Grabkreuze und Leuchter anfertigten, widmeten sich nun dem Guß von Glocken.

Da der Transport der schweren Glocken auf den schlechten Straßen teuer und gefahrvoll war, ließen sich die Gemeinden ihr Geläut meist an Ort und Stelle fertigen. Der Glockengießer wanderte in der günstigen Jahreszeit deshalb seines Broterwerbs wegen von Ort zu Ort.

Es gehörte großes Können dazu, die Bedingungen des Vertrages einzuhalten. Der Meister mußte dem Glockenklang die gewünschte Höhe und Sauberkeit verleihen, rein und frei von störenden Nebengeräuschen. An der frei aufgehängten Glocke wurde eine auf den festgelegten Ton gestimmte Orgelpfeife angeblasen. Die Glocke mußte in Resonanz kräftig mittönen.

Der Glockengießer hatte alles zu besorgen, was nötig war, bis die Glocke im Turm ihren Platz eingenommen hatte: Klöppel, Eisen- und Holzwerk sowie Lederzeug. Das Aufhängen im Turm geschah einzig in seiner Verantwortung.

Hing sein Werk an Ort und Stelle, erwies ein vierundzwanzigstündiges Probeläuten mit kleinen Pausen nach jeder halben Stunde, ob es auch dauerhaft ausgeführt war. Schließlich mußte er noch ein volles Jahr Garantie leisten.

Den hochgestellten Ansprüchen an den Meister standen beträchtliche Ausgaben des Auftraggebers gegenüber. Er hatte alle Ausgaben für Material und Herstellung, Beköstigung, Trinkgelder und Wegegeld zu tragen.

Gute Glockengießer beherrschten auch den Guß von Geschützen und anderen Feuerwaffen. Oft dienten sie als erfahrene Artilleristen, und Freund und Feind versuchten, ihrer durch Bestechung oder Gewalt habhaft zu werden. Der Glockengießer Gerhard van Wou ist uns gewöhnlich nur durch den gelungenen Guß der Erfurter

Domglocke »Gloriosa« bekannt. Er war aber auch ein kunstfertiger Waffenmeister. Anläßlich des aufs beste gelungenen Gusses dreier Glocken in Osnabrück erhielt er eine mit dem Stadtwappen geschmückte Silberschale als Geschenk. Kaiser Karl V. verlieh dem Stück- und Glockengießer Martin Hilger zu Freiberg sogar einen Wappenbrief.

Die Glockengießer wurden wegen ihrer Kunstfertigkeit bewundert, und das Volk suchte bei ihnen manches Geheimnisvolle. Ja, es meinte, daß die Meister sogar mit Hilfe der Schwarzen Kunst und mit Unterstützung des Teufels arbeiteten. Daß der Erfolg des Glockengusses nur vom handwerklichen Können, von Korrektheit und sauberem Material abhing, schien zu wenig. Deshalb hieß es zum Beispiel von besonders hell und rein tönenden Glocken, im Metall sei Silber oder gar Gold in größerer Menge vorhanden. Frauen und Jungfrauen sollen beim Guß der Silberglocke in Pößneck Silbertaler in ihren Schürzen zur Glockenspeise herbeigetragen haben. Ähnliches wird von Saalfeld berichtet, wie auch von Großbockedra bei Stadtroda. Zum Glockenguß einer kleinen Glocke in Roßdorf sei im Notjahr 1847 ein mit der ansässigen Geysonschen Familie verwandtes Fräulein aus Eschwege gekommen und habe eine Schürze voll Silber gespendet.

Vom Gutsbesitzer Rost in Wiedemar geht die Sage, er habe im Jahre 1880 die große Glocke der Kirchgemeinde auf eigene Kosten gießen lassen und am Tage des Gusses aus Halle dreihundert Silbertaler geholt und in die Glockenmasse geworfen. Tatsache ist wohl, daß Rost Geld zum Neuguß gab, bei dem das alte Material wieder verwendet wurde. Eine Abart der Sage berichtet, mehrere Bauern hätten Silber, Rost jedoch Dukaten gespendet. Rost hat die fertige Glocke aus Halle geholt. Im Jahre 1917 fiel sie dem 1. Weltkrieg zum Opfer. (Nach einer Auskunft von Pfarrer i. R. Lothar Franke)

Die Sage von den Silbermünzen im Glockenmetall mag auch dadurch mit gefördert werden, daß ab und zu Gießer derartige Münzen in den Mantel der Glocke einlöteten, so z. B. bei der 1730 umgegossenen Glocke von Rövershagen: eine Münze von 1615, eine zur Zweihundertjahrfeier der Reformation und eine dänische Münze von 1724.

1 Nach Heinrich Otte, Glockenkunde, S. 77 f.
Ein in Rom im 17. Jahrhundert erschienenes musikwissenschaftliches Werk bezeichnet die »Gloriosa« als die Königin aller Glocken.
In ihrem Mantel bildete sich im Laufe des Jahres 1984 ein haarfeiner Riß, der zum Weihnachtsläuten eine Länge von fünfzig Zentimetern erreicht hatte. Der völlig veränderte Klang alarmierte die Fachleute.

Zu dem Schaden könnte beigetragen haben, daß die Glocke im Jahre 1899 um 90 Grad gedreht wurde und 1927 anstelle des alten, sechs Zentner wiegenden Klöppels einen solchen von 18 Zentnern erhielt. Diesen veränderten Belastungen war die »Gloriosa« auf die Dauer nicht gewachsen.
Sie läßt sich nicht aus dem Turm nehmen. Darum mußten der Glockenstuhl entfernt und sie an Ort und Stelle in einen Glühofen eingesetzt werden, um sie bei 420 Grad spannungsfrei glühen zu können. Erst dann konnte der Spezialist Hans Lachenmeyer aus Nördlingen am 16. Oktober 1985 mit den eigentlichen Schweißarbeiten beginnen. Zu dieser Reparatur verbrauchte er etwa 66 Kilogramm Bronze. Bis zum 24. Oktober kühlte die Glocke langsam wieder ab.
Das erste Probeläuten verriet einen vollen Erfolg des Eingriffs. Bis zum Schadensfall betrug die Nachhallzeit dreieinhalb Minuten, sank durch die Verletzung im Mantel auf 25 Sekunden und erhöhte sich nach der Reparatur auf fünf Minuten. Auch der Obertonreichtum hat erheblich zugenommen, was sich in ihrem volleren Klang ausdrückt. Heute schätzen Spezialisten den Klang der »Gloriosa« als einen der schönsten der Welt ein.
Nach der Reparatur wiegt die Glocke etwa 80 Kilogramm mehr als vorher.
(Nach Peter Bühner, in »Thüringische Landeszeitung« vom 10. 12. 1985)

2 Nach Gustav Pasig, S. 9 f.

3 Nach Johannes August Ernst Köhler (1886), Nr. 449
Die große Glocke »Maria«, von der die Sage handelt, fiel dem Turmbrand am 17. April 1650 zum Opfer.

4 Nach Waltraud Woeller, S. 26
Die Parochialkirche hatte König Friedrich I. erbauen lassen, das Glockenspiel erhielt sie erst 1713.

5 Nach Hermann Größler, Nachlese II, S. 6 f.
Bis zur Flurbereinigung im 19. Jahrhundert standen in der Flur von Udersleben nordwestlich vom Dorfe am Berge ein großer Kreuzstein, daneben ein kleinerer und noch ein gewöhnlicher Stein. Ähnliche Sagen gibt es über das Steinkreuz von Mörigen (nach Adalbert Kuhn, Nr. 11 und J. D. H. Temme, S. 14) und über einen Sühnestein bei Stolberg am Harz (nach Walter Cramm, S. 85)

6 Nach Karl Bartsch, I, Nr. 521
Ähnliches berichtet die Sage über Zahrensdorf bei Boizenburg (nach Karl Bartsch, I, Nr. 510, 575), Klütz, Warsow bei Schwerin, Lichtenhagen, Buschow und Weitenburg bei Brüel (nach

Richard Wossidlo, S. 15–28)
7 Nach Auskunft des Pfarramtes Kalkhorst in Mecklenburg ist Alten-Gaarz das heutige Ostseebad Rerik. Nach Dehio S. 305 erfolgte die Umbenennung im Jahre 1938 im Zusammenhang mit der Erhebung zur Stadt.
8 Nach Heinrich Bergner, 1899, 33. Heft
9 Nach Helmut Riedel und Michael Sünder, Sonderheft; Otto Busch, S. 109 f. und J. Bernuti in »Thüringische Landeszeitung« vom 8. 2. 1986. Die Divi-Blasii- oder Untermarktkirche war die Hauptkirche der Mühlhäuser Altstadt. Ihre Glocken sind von hohem historischen Wert. Die im Südturm hängende stammt sogar aus dem Jahre 1281. Das Einmalige der in der Sage behandelten Glocke ist ein Siegel auf dem Glockenmantel, das den Glockengießer mit den Werkzeugen seines Berufes darstellt. Die stark verwitterte Siegelumschrift nennt in sechs Zentimeter hohen Großbuchstaben den Namen des Meisters, eines Magisters Bertoldus aus Grimma in Sachsen. Nach Urteil von Fachleuten ist dies die älteste bekannte deutsche Siegeldarstellung eines Glockengießers.

Die Glocke erklingt noch heute seit mehr als siebenhundert Jahren als älteste der Thomas-Müntzer-Stadt. Sie hat ein Gewicht von 2300 kg und einen Durchmesser von 152 cm. In Großbuchstaben lautet die Inschrift: »Im Jahre des Herrn 1281 den 6. Dezember ist die Glocke gegossen.«

Über die Sage von Arnswalde berichtet Paul Sartori, Kapitel I, über Hohenleina Friedrich Sieber, S. 167

Es gibt auch Sagen und Berichte, daß Glockengießer das ihnen anvertraute edle Metall veruntreuten oder durch schlechteres ersetzten. Eine solche Tat ist sogar in der Glockeninschrift in Brudersdorf verewigt:

»Durch Siebenbaums Betrug und List ward mein Metal zu schlegt: Nun bin ich wieder mit ein gutten Zusatz ersetz und bant um mich ein Strank das ich lenger halten kan. M. Octoberis Anno 1714. Me fecit Casper Henrich Castell von Franckfurt am Mayn in Chwerin. No. 91.«

Der in der Inschrift erwähnte Strang ist ein Metallreif um den unteren Rand der Glocke zwecks besserer Haltbarkeit.

In einer Beschreibung der Geschichte des Kirchdorfes Brudersdorf, seiner Kirche und des Inventars heißt es in einer Fußnote: »Siebenbaum's Glocken haben anderswo gut gehalten.«

(Mitteilung von Pastor H. Rodenberg, Groß-Methling)
10 Nach Friedrich Sieber, S. 167 und Ellen und Paul Mitzschke, Nr. 172

11 Nach Johannes Pesch, S. 117 f.
Noch zu Luthers Zeiten stand das Cyriaksglöcklein des Klosters Wimmelburg bei Eisleben im Ruf, es könnten durch das Anhören seines Klanges Kranke, namentlich »Besessene«, geheilt werden. Die Glocke wurde bei einem Brand im Jahre 1680 zerstört. (Nach Heinrich Otte, S. 123 Anmerkung)

12 Nach Fritz Schilling, S. 124. Trotz Umfrage in allen Orten dieses Namens in der DDR ließ sich die Sage nicht lokalisieren.

II Von versunkenen und von wiedergefundenen Glocken

Von versunkenen Klöstern oder Gotteshäusern wird berichtet, in denen die Glocken läuten. Die Erklärung liegt nahe. Dort, wo sich sumpfige Gebiete erstrecken, sieht die Sage oft Plätze untergegangener Bauwerke. In solch feuchtem Gelände leben Frösche, Kröten und Unken, von denen einige Vertreter Laute von sich geben, die fernem Glockengeläut ähneln. Vom Vernehmen dieser Klänge bis zur sagenhaften Erklärung ist für die Fabulierfreudigkeit des Volkes kein weiter Weg.

Kriege und Notzeiten haben in der Vergangenheit viele Dörfer mit ihren Gotteshäusern vom Erdboden getilgt. Oftmals retteten die Bewohner die Glocke vor dem Zugriff des Feindes, indem sie sie versteckten oder versenkten. Nach Generationen wühlte sie dann ein Schwein wieder frei, oder ein Hochwasser spülte sie ans Tageslicht.

Die Sage teilt der versunkenen Glocke ein Eigenleben zu. Sie soll zu bestimmten Zeiten, zum Beispiel in der Mittagsstunde des Johannistages, zum Lichte emporstreben und für kurze Zeit einem dafür vorherbestimmten Menschen zum Zugriff freistehen. In der Regel sind dies Sonntagskinder oder Menschen ohne Schuld und Sünde.

Ein bis drei Glocken entsteigen dann dem Dunkel oder den Fluten eines Gewässers und lassen sich in Gestalt eines Steinblocks, Dornbusches oder Baumstumpfes von der Sonne bescheinen. Belegt nun ein Hirtenknabe, ein Gänsemädchen oder ein sonst Auserwählter eine derart getarnte Glocke mit dem Brottuch, dem Strickzeug, der Badekleidung oder Puppenwäsche, einer Jacke oder anderen Bekleidungsstücken, so ist die Glocke gebannt und kann nicht zurück in ihr Grab.

Beim Abtransport spielt nicht die Stärke der Zugtiere eine Rolle.

Entscheidend ist, für welchen Ort die Glocke vorbestimmt ist. Oft ist es das schwächste Gespann, das Erfolg hat.

In vielen Fällen haben Rinder als Vorspann den Vorzug. Sie sind »reiner« als das Pferd, denn sie haben gespaltene Hufe im Gegensatz zum Pferdefuß des Teufels. Will ein Geizhals sich den Gewinn der Glocke zunutze machen, sträubt sie sich dagegen, rührt sich nicht vom Fleck oder versinkt wieder. Die Zusage, sie sei für arm und reich gleichermaßen da, erleichtert in vielen Fällen den Transport.

13 Nach Richard Wossidlo, S. 15–28, Richard Beitl, S. 672 und Paul Beckmann, 5 sowie Adalbert Kuhn, Nr. 156.

Ernst Moritz Arndt beschreibt ähnliches vom Alten Heidenschloß auf Rügen. Er meint offenbar den Burgwall der alten Feste Charenza, die mit dem berühmten Götzentempel 1168 vom Dänenkönig Waldemar I. zerstört wurde.

In Petschow und Umgebung gibt es keinen Düwelsee. Die Sage weiß aber einen solchen noch heute unter dieser Bezeichnung in Horst bei Vietow, etwa 15 Kilometer von Petschow entfernt. An ihm habe einst eine Kapelle gestanden. Bei ihrem Abbruch soll die Glocke im See versunken sein. Sie wurde wieder geborgen und von zwei Ochsen nach Petschow gezogen. Es ist die Frage, ob im Zusammenhang mit dieser Sage die plattdeutschen Sätze stehen: »Össing, togliek, Klöcking, du saßt gahn för Arm un Rieke« oder »Össing, treckt toglieken för de Armen un för de Rieken!«

(Nach einer Mitteilung von Pfarrer Burghardt, Petschow)

14 Nach Julius Reuper, S. 212 und Johannes Pesch, S. 28, 128.

Die erste Kunde vom sagenhaften Vineta gibt im Jahre 973 der arabische Jude Ibrahim ibn Jacub. Auf mündliche Berichte stützte sich später der Domscholar Adam von Bremen in seiner »Hamburger Kirchengeschichte« der Jahre 1075 bis 1080. Er nannte die Stadt Jumne, die latinisierte Form des slawischen Julin (Wolin), in späteren Handschriften auch Jumneta, Vineta Vinneta genannt. In seiner 1133 bis 1172 verfaßten Slawenchronik nannte der Geistliche Helmold von Bosau Vineta schon eine untergegangene Stadt, die ein Dänenkönig mit seiner Flotte zerstört haben soll. Im Jahre 1538 ortete der Wolgaster Magister Thomas Kantzow an der Küste von Usedom bei Damerow die Grundmauern der versunkenen Stadt. Als 1771 an dieser Stelle zwei holländische Schiffe scheiterten, entdeckte man auf dem Meeresboden Schiffs- und Artilleriearsenale.

Über planmäßige Untersuchungen im Jahre 1934 wurde erst 1953 berichtet. Es ergab sich folgendes Bild: Julin (Wolin) war eine frühslawische Hafenstadt, geschützt von hohen Erd-

wällen. Die Reichen wohnten in festen Blockhäusern, die Armen in geflochtenen Hütten. Am Südende der Stadt befand sich der Tempel einer slawischen Stammesgottheit.
(Weitere Informationen bei Waltraud Woeller, Volkssagen zwischen Hiddensee und Wartburg, S. 42–46, Berlin 1879)
(Nach einer Mitteilung von Wilhelm Kutz, Ev. Kirchgemeinde Wolgast)
In Alt Reddevitz auf Rügen erzählte man um 1850 eine Sage, die die Stadt Niniveh oder Vineta in das Gebiet zwischen Greifswalder Oie und den Ruden legte. Die Glocken Vinetas sollen nach ihr aus der Tiefe geborgen und in den Kirchen von Cöslin und Middelhagen aufgehängt worden sein.
(Nach Alfred Haas, S. 32)

15 Nach Heinz Lehmann, S. 69

16 Nach Paul Quensel, S. 259, Ludwig Bechstein III (1837), S. 198 f.
Von Glocken untergegangener Städte berichtet die Sage aus dem Erzgebirge vom großen Kranichsee bei Carlsfeld (Nach Johann August Ernst Köhler, Nr. 683), vom Teufelssee bei Tessin (Nach Johannes Pesch, S. 103) und aus der Mark südlich von Angermünde (Nach Adalbert Kuhn, Nr. 195)

17 Nach Karl Bartsch I Nr. 509, Rudolf Drechsel Nr. 435, ähnliches wird vom Münchsee in der Altmark berichtet (Nach I. H. D. Temme, Nr. 65 und Paul Seidel, S. 14 f.). Auch nahe Altenstein »An der Wallfahrt« feiern geisterhafte Nonnen in einer Nebelkirche Messe, die vom Läuten eines Glöckleins begleitet wird. (Nach Arthur Richter-Helmbach [Ludwig Bechstein], II, S. 48 f.).
Auch bei Wersdorf, nicht weit von Weimar, soll eine versunkene Glocke lagern. (Nach Ellen und Paul Mitzschke, Nr. 127)

18 Nach Paul Heinecke und Gerhard Ost, S. 26, und Robert Eisel, Nr. 279

19 Nach Rudolf Drechsel, Nr. 435

20 Nach »Sagen und Geschichten aus dem Kreis Wittenberg«, S. 53

21 Nach Walter Saal, S. 56
Aus der Vielfalt der Sagen, die sich mit von Tieren ausgewühlten oder aus der Tiefe aufgetauchten Glocken beschäftigen, soll nur eine kleine Auswahl genannt werden:
Nicht weit von der Grasburg am Kyffhäuser liegt nach Rottleberode zu das Glockenloch. Dort soll die Glocke der Grasburg ruhen. (Nach Friedrich Sieber, S. 167)
Auf dem Golitzsee in Brandenburg fand ein Fischer am Weih-

nachtsabend zwei Glocken. Doch sie verschwanden unter folgendem Gespräch: »Anne-Susanne, ich will met to Lanne.« – »Anne-Margarete, wi willn wieder to Grunne schete.« (Nach Johannes Pesch, S. 99)

Mit Pferd und Wagen soll eine Glocke zwischen Bertin und Stolpe in der Tiefe versunken sein und von dort aus an hohen Festtagen läuten. (Nach Johannes Pesch, S. 101 f.)

In Wetterode in Thüringen versenkten die Dorfbewohner im Jahre 1432 ihre Glocken, um sie vor den Hussiten in Sicherheit zu bringen. In der heutigen Wüstung sollen sie am Tage des Unglücks in der Tiefe eines Brunnens läuten. (Nach Gustav Pasig, S. 18–22)

Als das Schloß Tautenburg bei Jena 1780 abgerissen wurde, sollen drei goldene Glocken im Brunnen versenkt worden sein. In stillen Sommernächten kann sie der aufmerksame Lauscher da unten läuten hören. (Nach Paul Sartori, Kap. I)

22 Nach Adalbert Kuhn, Nr. 159

23 Nach Adolf Schmiedecke, S. 28 f.

Daß Tiere darüber entscheiden, wohin eine gefundene Glocke übergeführt werden soll, wird in vielen Sagen erzählt, so heißt es beispielsweise von Heuckewalde, daß der Kirchturm seine in Wüstenrodig gefundene Glocke einem alten Klepper zu verdanken hat. Er hat sie in diesen Ort gezogen, obwohl auch die Einwohner von Pölzig darauf Anspruch erhoben. (Nach Adolf Schmiedecke, S. 20 und Robert Eisel Nr. 694)

Einen ähnlichen Streit zwischen Queienfeld und Bibra entschied ein blinder Gaul für das letztere. Die Glocke soll daraufhin geklungen haben, als wollte sie sagen:

»Die well Sau hott mich rausgewuhlt,
d'r blenn Gaul hott mich härgehult.«

(Nach Heinrich Bergner, Heft 3)

Zwei blinde Ochsen taten den Leuten von Helmershausen den gleichen Dienst, als diese sich mit denen aus Wohlmuthausen um eine gefundene Glocke stritten. (Nach Heinrich Bergner, Heft 3)

Auf eine Entscheidung durch Menschen verzichteten auch die Bewohner von Wichtshausen und Marisfeld. Sie luden das Streitobjekt auf einen Wagen. Ein blinder Gaul zog diesen dann nach Marisfeld. (Nach Ludwig Bechstein III, S. 198 f.)

Wasungen, Walldorf und Welkershausen stritten sich einstmals ebenfalls um eine gefundene Glocke. Ein blinder Gaul, dem man sie aufpackte, entschied sich für Walldorf. Die Gewinner ließen die Glocke umgießen und mit der Inschrift versehen: »Ein wildes Schwein hat mich herausgewühlt, ein blindes Pferd

hat mich hierher geführt.« (Mitteilung von Wilhelm Ziegler, Walldorf) Auch in der Strößener Flur, an der Grenze zu Klobikau, soll ein Schwein eine Glocke ausgewühlt haben. Während die Klobikauer den Fund nicht mit acht ihrer stärksten Pferde bergen konnten, schafften es die benachbarten Großgräfendorfer mit nur vier Pferden. (Nach Walter Saal, S. 55 f.)
Ein blinder Gaul soll auch die Glocke des im Dreißigjährigen Kriege verwüsteten Dorfes Atterode auf einem Bauernwagen nach Schweina gefahren haben, wodurch die Bewohner von Steinbach das Nachsehen hatten. Dabei wurde das Zugtier von den Schweinaern gewissermaßen bestochen, indem sie es heimlich mit Hilfe von vorgehaltenem Futter weiterlockten. Es ist jedoch nicht mehr bekannt, ob die fragliche Glocke dem Glokkensterben des 1. oder 2. Weltkrieges zum Opfer fiel. (Nach Mitteilung von Pfarrer Hermann Willer, Schweina)

24 Nach Otto Busch, S. 222 ff.

25 Nach Johann August Ernst Köhler, Nr. 681

26 Nach Adolf Schmiedecke, S. 82

27 Nach Fritz Schilling, S. 7 und Robert Eisel, Nr. 694
Eine Glocke zu Großbreitenbach soll die Inschrift getragen haben:
»Am Schweinsbach ich verborgen lag,
Ein Schwein mich ausgegraben hat.«

28 Nach Karl Bartsch, Nr. 517
Ähnliches wird auch vom See bei Buchholz in der Nähe von Parchim erzählt. (Nach Karl Bartsch Nr. 507)

29 Nach Karl Bartsch, Nr. 529, Nr. 536, Nr. 525
Auch im Schwarzen See bei Wrangelsburg sollen versunkene Glocken liegen. Als sie sich einst am Johannistage sonnten, hat ein kleines Mädchen auf die eine Puppenkleider zum Trocknen gelegt. Nun konnte sie nicht zurück ins Wasser. Es entspann sich zwischen beiden Glocken folgendes Gespräch:
»Anne Susanne, komm mit mir geschwind!«
»Ich kann nicht, Geliebte, gebunden ich bin.«
(Nach Erwin Erdmann, S. 51)
Ähnliches erreichte ein Bauer am Schwarzen See im Schlemminer Forst. Er bannte eine Glocke, indem er seinen Fußlappen darüber warf. (Nach Johannes Pesch, S. 95)

30 Nach Karl Bartsch, Nr. 533
Seit mehr als 600 Jahren forscht man – vor allem im Gebiet des heutigen Bezirks Neubrandenburg – nach dem legendären Slawenheiligtum Rethra. Historiker und Archäologen haben an dreißig Stätten in Mecklenburg die altslawische Kult-

stätte zu lokalisieren versucht. Im Jahre 1983 stieß man bei Grabungen im Bezirk Schwerin auf einen 600 Jahre alten Rest eines Tempels am Lüddigsee bei Parchim. Diese Kultstätte ist Bestandteil der altslawischen Siedlung Scazyn, deren Ausgrabung zentrales Forschungsthema des Schweriner Museums für Ur- und Frühgeschichte ist (Nach »Thüringische Landeszeitung« vom 17. 2. 1984).
Von einer Glocke in Rossow wird erzählt, daß sie sich geweigert habe, nach Rägelin zu kommen, weil sie dort nur für die Reichen hätte läuten müssen. In Rossow jedoch durfte sie für Reiche und Arme ihren Dienst tun (Nach Paul Sartori Nr. 28 f.). In Röbel soll eine Glocke aus Dambeck hängen, die ein Bauer auf ähnliche Weise mit den Worten bergen konnte:

»Nu met God, för arm un rike
all to glike.«

Diese Glocke wurde beim Tod eines Armen unentgeltlich geläutet und verriet durch den Klang ihre Herkunft, denn es war, als wenn sie rief:
»Dambeck-Dambeck!« (Nach Johannes Pesch, S. 103)
Die Glocken in der Kirche zu Mildenitz sollen auf ähnliche Weise ihren neuen Aufenthaltsort bestimmt haben. (Nach Karl Bartsch, Nr. 535)

31 Nach Karl Bartsch, Nr. 527
Nach einer Anmerkung des Herausgebers war nach Aussage des damaligen (1879) Pastors Dollberg der See der Düwelssee bei Helmstorf. Zwei Knaben legten ihre Tücher zum Trocknen auf zwei Dornbüsche, ein Mädchen seine Schürze auf einen dritten in der Mitte. Die Tücher der Knaben trockneten schneller. Als sie abgenommen wurden, gingen die beiden in Büsche verwandelten Glocken ungebannt ins Wasser zurück. Der dritte aber blieb gebannt und wandelte sich zu einer Glocke, »die nun (1879) in Petschow hängt«.
Von den Heiligen Pfühlen in der Mark wird erzählt, daß ein Mädchen, das dort baden wollte, sein Brusttuch auf eine der drei aufgetauchten und am Ufer stehenden Glocken gelegt habe, wodurch diese in den Besitz des Mädchens kam. (Nach Adalbert Kuhn, Nr. 160)
An einem Teich bei Lichtenhagen soll ähnliches einer kleinen Gänsehirtin geschehen sein. (Nach Karl Bartsch I, Nr. 525) Puppenkleider bannten eine aus einem See bei Barsdorf aufgetauchte Glocke. (Nach Karl Bartsch I, Nr. 536) Ein im Wandlitzsee badendes Mädchen soll gerade noch zur rechten Zeit ans Ufer geschwommen sein, ehe eine Glocke, auf die es in Unkenntnis seine Bekleidung gelegt hatte, wieder im Wasser

verschwand. (Nach Rudolf Bügel, S. 9)

32 Nach Karl Bartsch, Nr. 522

33 Nach Rudolf Linge, S. 66 ff., S. 125 f., 129 ff., Friedrich Sieber, S. 168 f.

Die folgenden Sagen wollen die Kraft eines von Schuld freien Kindes mit lauterem Gemüt verdeutlichen. Ihm gelingt es mit Leichtigkeit, schwere Glocken zu heben. Auch blinde und schwache Zugtiere sollen mehr vermögen als eigensüchtige Menschen, denen ihr ganzer Kraftaufwand nichts nützt.

Die Kirche von Breitenbach soll auf ähnliche Weise zu einer Glocke gekommen sein. Dort ist es einem Mädchen gelungen, in der Wüstung Siegfriederode am Glockenborn mit Hilfe eines Haarbandes eine Glocke ans Tageslicht zu fördern, um die sich die Orte Worbis, Breitenbach und Breitenholz stritten, bis schließlich ein blinder Gaul den Fund nach Breitenbach führte. (Nach Rudolf Linge, S. 279 ff.)

Ein Mädchen, das am Johannistage am Schwarzen See bei der Hohen Burg Wäsche wusch, konnte mit Hilfe des Haarbandes zwei Glocken ans Ufer ziehen, die dann zwei Ochsen nach Moisall brachten. Von Lähnwitz wird ähnliches erzählt. (Nach Richard Wossidlo, S. 15–28)

Ein Schürzenband soll gleiche Dienste verrichten. Mit seiner Hilfe habe eine Schweinehirtin am Glockenborn bei Mansfeld eine Glocke sogar bis nach Hause gezogen. (Nach Johannes Pesch, S. 99)

Eine feine Dame soll bei Zarnekow auf Rügen an einem Seidenfaden eine Glocke aus dem Erdreich gezogen haben. (Nach Alfred Haas, S. 37)

Von Zarnekow wird aber auch erzählt, daß die »feine Dame« eine verwunschene Jungfrau gewesen sei, an einer seidenen Schnur die Glocke ins Dorf gezogen habe und zum Dank dafür von einem beherzten Bauernburschen einen kräftigen Kuß erhielt. Dadurch sei sie erlöst worden. (Nach Karl Bartsch I, Nr. 511, Erwin Erdmann, S. 59–61)

Auch der Schweinehirt von Wallhausen soll auf der Saugebreite eine Glocke von Zuckerhutform gefunden haben, die ihm ein Mädchen mit Hilfe eines Bandes bergen half. Sie wurde in der Kirche zu St. Peter und Paul aufgehängt, sprang in den siebziger Jahren des neunzehnten Jahrhunderts, wurde umgegossen und fiel schließlich dem Glockensterben im ersten Weltkrieg zum Opfer. (Nach Friedrich Sieber, S. 168 f.)

34 Nach Karl Bartsch, Nr. 514

Aus dem See in der Nähe von Röbel soll ein Fischer auf den Hinweis seiner Kinder hin zwei schöne Glocken im Netz ans

Tageslicht befördert haben. Diese hatten sie auf dem Grunde des Sees läuten hören. Ende des vorigen Jahrhunderts soll dieses Geläut noch in der Kirche zu Röbel gehangen haben. (Nach Bartsch, Nr. 503)

35 Nach Karl Fritz Schilling, S. 91

36 Nach Karl Bartsch, Nr. 516
Daß sich die Glocke dem Bannen entziehen kann, berichten verschiedentlich Sagen. In Petschow suchen die Wassergeister die Glocke zu halten. Ähnliches geschieht in Buchholz bei Röbel. (Nach Richard Wossidlo, S. 15–28)

37 Nach Fritz Schilling, S. 93 (bei Wucke)
In Frauensee ist die Sage noch bekannt. Der 92jährige ehemalige Schuhmacher Wilhelm Scharfenberg aus Dönges kennt sie noch. In der nächsten Generation ist sie bruchstückhaft vorhanden. Ältere Leute können sich noch entsinnen, daß in der »Lindenau« die Schweine gehütet wurden. Die Glocke der Sage ist nicht mehr vorhanden. Die beiden Glocken der in der zweiten Hälfte des vorigen Jahrhunderts erbauten Kirche sind neueren Datums. Es ist seit Zerstörung des Klosters die dritte Kirche am Ort.
Aus der Ortschronik der Kirchgemeinde Frauensee ist zu entnehmen, daß in der zweiten Kirche, die 1854 abgerissen wurde, zwei kleine Glocken hingen. Davon ist eine vermutlich die 1832 gesprungene und danach umgegossene gewesen. 1836 heißt es: »Leider sprang in diesem Jahre die in dem Jahre 1833 gegossene Glocke schon wieder.« Sie wurde nochmals gegossen.
Von den beiden Glocken der jetzigen Kirche wurde eine Bronzeglocke im 1. Weltkrieg abgeliefert, eine zweite während des 2. Weltkrieges. 1948 erhielt das Gotteshaus eine neue Glocke aus der Werkstatt Schilling in Apolda. (Nach einer Mitteilung von Pastorin Elisabeth Hauke, Frauensee, auf der Grundlage der Chronik der Kirchgemeinde Frauensee)
(Nach Robert Eisel, Nr. 535 und Richard Wossidlo, S. 15–28)

38 Nach Dr. Walter Fröbe, Schwarzenberg, und Gerhard Heilfurt, Leipzig

III Der Glocke Macht – der Glocke Leid

Schon unter Karl dem Großen waren die Glocken in Deutschland bekannt. Im achten Jahrhundert kam die Sitte auf, sie feierlich zu weihen. Karl der Große verbot dieses Ritual; trotzdem überdauerte die Glockenweihe die Jahrhunderte, denn der Mensch fühlte sich ihr seit eh und je innerlich verbunden. Sie begleitet mit ihrem Geläut sein ganzes Leben.

Die Glockensagen verraten uns, daß die Generationen vor uns die Glocke gewissermaßen als ein höheres, lebendiges Wesen sahen, das von Gott mit übermenschlicher Kraft ausgestattet war.

Über die Feier der Glockentaufe schreibt Pomarius in seiner Sächsischen Chronik von 1589:

»Die Glocken sind etwa also geweihet und getaufet worden: Der Bischof wusch oder badete sie erstlich mit dem gesegneten Weihwasser, trucknet sie hernach ab mit reinem Leinwand, machte ihr inwendig mit dem beschworenen Öl vier . . ., auswendig sieben Creuczen, beräucherte sie mit Weihrauch, Thymian und anderen wohlriechenden Spezereien. Damit gab er ihr Gewalt, das Wetter zu vertreiben und Andacht in den Gemütern zu entzünden. Es wurden auch Gevattern dazu gebeten, und weil derselben viel waren, griffen sie nebeneinander an einem Strang oder Seil, so an die Glocke gebunden war. In solchen Taufen ward der Glocke ein eigener Name, gleichsam ein Taufname, gegeben.«

In den Legenden, die von der Macht der Glocken berichten, Böses zu vertreiben, widerspiegelt sich noch die Zeit der Mission. Die alten heidnischen Götter wurden zur Ausgeburt des Bösen erklärt und geisterten seitdem als Frau Holle, als Wilder Jäger, als Geister, Dämonen und Gnomen durch die Welt der Sagen. Die Glocke, die mit ihrem Ruf den Glauben an Jesus Christus zu verbreiten half, galt als Waffe gegen diesen Spuk. Auf mancherlei Weise versuchen die bösen Geister, sie unwirksam zu machen, um ihren Machtbereich zurückzuerobern.

Während diese Feinde der Glocke nur legendären Charakter haben, gab es in den vergangenen Jahrhunderten auch sehr reale Feinde. Die Glocke war ein begehrtes Beuteobjekt durchziehender Kriegsvölker und diente kriegführenden Herren als Materialreserve für ihre Kriegsmaschinen. Denken wir hierbei auch an die Glockenfriedhöfe des ersten und zweiten Weltkrieges.

Ein frühes Beispiel hierfür gab Kurfürst Friedrich I. von Brandenburg, als er 1414 aus Geldnot zur Beschaffung nötiger Waffen im Kampf gegen den aufsässigen märkischen Landadel die Glocken der Marienkirche zu Berlin beschlagnahmte, um daraus Kanonen gießen zu lassen.

Oftmals raubten Kriegsherren in fremden Ländern Glocken, um sie Kirchen in ihrem eigenen Lande zu schenken.

Der Transport geraubter Glocken auf schlechten und zum Teil unbekannten Wegen war oft mit Schwierigkeiten verbunden. Um sie nicht wieder dem Gegner überlassen zu müssen, versenkten sie die Räuber im Wasser, im Sumpf oder vergruben sie. Die Erkenntnis des Volkes, daß der Bauersmann im Schweiße seines Angesichts das wieder gutmachen muß, was der Kriegsmann verdorben hat, wird in den vielen Sagen deutlich, in denen einfache Menschen Glocken wiederfinden und ihrem eigentlichen Zwecke zuführen.

Es gab noch einen anderen, viel besseren Brauch: Wenn nach blutigen Kriegen wieder Frieden ins Land zog, wurden Geschütze eingeschmolzen, um aus ihrem Metall Glocken zu gießen. So fand im Jahre 1634 beispielsweise zum Guß der großen Glocke zu Lobenstein unter anderem ein Feldgeschütz Verwendung, »so vordem auf hiesigem alten Schlosse gestanden«. Die große Glocke zu Großsaara soll auf Veranlassung eines Herrn von Wolframsdorf 1655 ebenfalls aus Feldgeschützen gegossen worden sein, worauf ihre Inschrift hindeutete:

»Gottlob, ich bin gebracht in dieses Gotteshaus
Und richt' also mein Klank viel besser aus.«

Nach Johannes Pesch, S. 36 f, Gustav Pasig, S. 9, Erwin Erdmann, S. 75, Rudolf Schramm, S. 124, Paul Sartori, S. 131, Heinrich Otte, S. 66, 51, Anm., Robert Eisel, Nr. 766

39 Nach Karl Bartsch I, Nr. 108

40 Nach Johann Georg Theodor Grässe I, Nr. 531

41 Nach J. D. H. Temme, Nr. 33 und Albert Kuhn, Nr. 162

42 Nach Fritz Schilling, S. 97

43 Nach Georg Brückner

44 Nach persönlicher Mitteilung von Pfarrer Joachim Heyde: die Kirche in Blankensee hatte zu keiner Zeit einen Kirchturm, sondern nur ein kleines, feststehendes Glockengerüst.

Daß die Glocke nicht von einem Unwürdigen geläutet werden darf, ist aus einigen Sagen bekannt. In Petschow warf die Glocke den Läuter hinunter, wenn er vor dem Läuten Alkohol zu sich genommen hatte. (Nach Richard Wossidlo, S. 15–28)

Als sich einst ein Petschower einen üblen Scherz erlaubte und das Joch ansägte, an dem die Glocke befestigt war, stürzte sie ab, begrub den Mann unter sich und quetschte ihm die Hand ab. Diese soll als warnendes Zeichen noch bis heute in der Kirche zu Petschow aufbewahrt werden. Es wird aber auch erzählt, daß es sich um die Hand einer Mörderin handele, die ihre Mutter umgebracht hat und der man zur Strafe dafür die Hand abgehauen habe. (Nach einer Mitteilung von Pfarrer Burghardt, Petschow)

45 Nach Waltraud Woeller, S. 222, Johann Theodor Grässe II, Nr. 846, 849

Der sogenannte Eigensche Kreis umfaßt die Orte der sogenannten Bernstädter Pflege: Bernstadt, Kunnersdorf, Altbernsdorf, Schönau, Berzdorf (inzwischen durch den Braunkohlenabbau abgetragen), Ober- und Niederkiesdorf sowie Dittersbach und Neundorf (Oberlausitz). Früher wurden vorstehende Ortsnamen sämtlich mit dem Zusatz »a. d. E.«, das heißt »auf dem Eigen« versehen. Dieser Ausdruck erklärt sich aus einer verwickelten Geschichte der Besitzverhältnisse während des Mittelalters. Die »Bernstädter Pflege« war in den Besitz des Bistums Meißen gekommen und somit »Eigentum« der Kirche und nicht mehr ein Lehen der Landesherren.

Die Kirche zu Dittersbach erhielt 1887 ein neues Geläut, zu dem das ältere eingeschmolzen wurde. Heute ist davon nur noch die kleinste Glocke vorhanden, die anderen fielen 1942 dem Krieg zum Opfer. Seit 1957 hängen drei Stahlglocken auf dem Turm. (Nach Mitteilung von Pfarrer Friedrich Bühler, Dittersbach)

46 Nach Adolf Schmiedecke, S. 78, Robert Eisel, Nr. 763, 778, 956

Der heilige Cyriakus starb als Märtyrer unter dem römischen Kaiser Diokletian (284–305 n. Chr.) und wird als einer der Vierzehn Nothelfer gegen Dämonenmacht angerufen. Wegen ihres lauten Schalles gelten die Glocken als Feinde des Bösen, weil sie gleich Wachhunden die feindlichen Mächte verjagen.

47 Nach Rudolf Bügel, S. 8 f.

An der Straße von Lanke nach Prenden liegt ein großer Findlingsblock der Eiszeit von vor rund zwei Millionen Jahren. Der unter Naturschutz stehende Stein ist etwa 3,80 m lang, 2,60 m breit und 1,40 m hoch. Sein Gewicht beträgt schätzungsweise 275 bis 300 Dezitonnen.

Die »Heiligen Pfühle« sind drei kleine verlandete Seen südwestlich von dem in der Ortslage von Prenden gelegenen Strehlasees. Eine Erklärung des Namens ist unbekannt. (Nach einer Mitteilung von Pfarrer Winkler, Klosterfelde, Kreis Bernau)

48 Nach Karl Bartsch I, Nr. 506, 518, 377

Das von Bischof Wigbert von Merseburg gegründete Kirchlein steht schon lange nicht mehr. Das Sumpfloch war bis 1935 erhalten. Es wurde Teufelstümpel genannt und war vermutlich der Rest eines alten Saalearmes, der im Mittelalter nachweisbaren »Kleinen Saale«. Der Name gerät zunehmend in Vergessenheit, denn seit dem Bau eines Kanals 1935 erinnern sich nur noch alte Merseburger seiner und der alten Ziegelbrücke. Die jetzige Stahlbrücke liegt wesentlich höher, da der Freiraum für die geplante Schiffahrt größer sein mußte. (Nach Mitteilung von Baumeister Walter Saal, Merseburg, Kreispfleger für kulturgeschichtliche Bodenaltertümer im Kreis Merseburg)

49 Nach Paul Sartori, S. 10
50 Siehe Literaturhinweise der Einführung zu den Anmerkungen dieses Kapitels
51 Nach Fritz Schilling, S. 93 f. (bei Bechstein), Friedrich Sieber, S. 168, Karl Bartsch I, Nr. 526
52 Nach Rudolf Linge, S. 282
53 Nach Karl Bartsch I, Nr. 399
54 Nach J. H. D. Temme, S. 34
55 Nach Karl Bartsch I, Nr. 116
56 Nach Karl Bartsch I, Nr. 388
57 Nach Rudolf Linge, S. 57 f.
58 Nach Otto Busch, danach Arbeitsgemeinschaft »Louis Fürnberg« im Kulturbund Mühlhausen, S. 41 f.
Bechstedt ist ein nach dem Dreißigjährigen Kriege aufgegebenes Dorf zwischen Flarchheim und Kammerforst. Noch 1926 lebte die Erinnerung an den »Glockenbrunnen« im Kammerforst. Der Schäfer erzählte, wenn er abends am Berg seine Herde weidete, sei aus dem Brunnen Glockenklang zu hören gewesen. Unweit des Brunnens soll noch um die Mitte des vorigen Jahrhunderts ein Steinkreuz das Grab des verräterischen Försters bezeichnet haben.
Das Forsthaus Rockenbühl lag unweit des Rennsteigs, der über den Kamm des Hainichs führt. In unmittelbarer Nähe des Forsthauses steht westwärts im »Kugelgrund« ein bemoostes Steinkreuz mit völlig verwitterter Inschrift. Der Volksmund nennt es Magdalenens Kreuz, kurz »Magdkreuz«, und meint, darunter liege die Mutter von Pfeffer. Sie soll gemeinsam mit ihm Überfälle, Diebereien und andere Verbrechen begangen haben. (Nach Mitteilung von Manfred Thiele, Mühlhausen)

IV Nicht von Menschenhand geläutet

In der geweihten Glocke sah das Volk eine Verkünderin des Reiches Gottes. Sie rief nicht nur zu Gebet, Gottesdienst und kirchlichen Feiern. Gleich einem lebenden Wesen sollte sie die Gemeinde durch das Leben geleiten und in besonderen Lagen sogar ohne menschliches Zutun mahnend ihre Stimme erheben können. Aus dem Sagenkreis Mecklenburgs gibt es Beispiele dafür, daß Tiere die Glocke zum Ertönen brachten.

Mit der Glocke zusammenhängende Erscheinungen, die sich das Volk nicht natürlich erklären konnte, sah es als Vorzeichen besonderer Ereignisse an, so vor allem den Tod einer hochgestellten oder bekannten Persönlichkeit. Als beispielsweise am 3. April 1669 der

Klöppel einer Glocke in Bürgel riß und sie am 7. April auf den Kirchplatz stürzte, brachten das die Einwohner in Zusammenhang mit dem gleichzeitig eingetretenen Tod des Landesherrn, Herzog Friedrich Wilhelm von Altenburg.

Am 14. September 1786 zeigte sich die Klosterglocke von Bürgel wie in Schweiß gebadet, so daß die Feuchtigkeit sogar herabtropfte. Einige Tage darauf starb unerwartet Herzog Johann Georg zu Eisenach.

Kurz vor dem Ableben eines Kirchberger Burggrafen soll jedesmal die Glocke der von ihnen gestifteten Kapelle zu Bürgel auf dem Georgenberg von selbst geläutet haben. Nachdem die Kirche von Zoppoten abgebrannt war, hing die große Glocke als Wetterglocke auf dem Kirchplatz in einem Gestell. Durch selbsttätiges Läuten soll sie dort dafür gesorgt haben, daß ein schweres Gewitter gnädig am Ort vorbeizog.

Magister Johann Teune aus Königshofen vermerkte, daß am 5. September 1742 die Uhrglocke einige Male die Viertel- und die ganzen Stunden zusammenschlug. Er bangte: »Gott gebe, daß es kein böses Omen ist.«

59 Nach Bezirks-Kabinett Erfurt, S. 48 f.

60 Nach Johannes Pesch, S. 128

61 Nach Karl Bartsch I, Nr. 520, 530
In Grambzow bei Rehna waren es gleich zwanzig Ochsen, die den Läutedienst für die Männer übernommen hatten, die im Hause des Küsters über Schweinskopf und Butterbrot das Weihnachtsläuten von 11 bis 12 Uhr nachts vergessen hatten.

62 Nach Adolf Bube, S. 36 und Ellen und Paul Mitschke, Nr. 56

63 Nach Arthur Richter-Heimbach (Ludwig Bechstein), S. 74
Die Kroaten hatten damals den ganzen Ort niedergebrannt. In der vorhergegangenen Plünderung schreckten sie selbst nicht vor den Gräbern im Gotteshaus zurück. So rissen sie zum Beispiel den Leichnam des ehemaligen Statthalters Bernhard Marschalk aus seiner Ruhe, weil sie sich an ihm wertvollen Schmuck erhofften.
Das Kroatenglöcklein ist nicht mehr vorhanden, bei alten Walldorfern aber noch als Gegenstand der Sage bekannt.
Nach einer anderen Überlieferung sollen die Walldorfer selbst das Warnzeichen mit dem Glöcklein gegeben haben. Die Kroaten hätten dann, um solche Warnungen in Zukunft zu verhindern, den Klöppel entfernt.
(Nach Mitteilung von Kirchner und Ortschronist Wilhelm Ziegler, Walldorf)

64 Nach Karl Bartsch I, Nr. 539

65 Nach Otto Busch, S. 216

66 Nach J. D. H. Temme, Nr. 31
67 Nach Karl Bartsch I, Nr. 528
68 Nach Karl Bartsch I, Nr. 513, 519
69 Nach Ludwig Bechstein, Bd. 1
70 Nach Johann Georg Theodor Grässe I, Nr. 526
71 Nach Karl Bartsch I, Nr. 523
72 Nach Johannes Pesch, S. 113–117
73 Nach Johann Georg Theodor Grässe II, Nr. 823

Die Bürgerglocke hing entweder auf dem Rathausturm und diente dem rein weltlichen Zweck, den Bürgern Zeichen zu geben, oder aber sie hing in einem Kirchturm und diente sowohl weltlichen als kirchlichen Aufgaben. Sie wurde auch Bierglocke genannt, weil sie die Polizeistunde ausrief, zu der jeder Ausschank eingestellt und das Wirtshaus geschlossen werden mußte. In Rostock tönte vom Turm der Marienkirche dieses Geläut schon zeitig am Abend, um neun Uhr. Von da an hatte jeder »ordentliche« Bürger daheim zu sein. Danach bürgte der Rat der Stadt nicht mehr für Sicherheit auf den Straßen.

Die Bierglocke auf der Marienkirche zu Greifswald vom Jahre 1569 nimmt mit ihrer Inschrift auf diesen Brauch mit launischen Worten Bezug:

»De Wachterglock bin ich genannt,
Allen fuchten broders wol bekannt.
Kroger, wenn du horst mienen luth,
So jach de geste tom huse uth!«

In Zittau wurde früher allabendlich um neun Uhr die Bierglocke »angezogen«. Das war das Zeichen, daß sich jeder aus den Schankhäusern nach Hause begeben mußte. Wurde jemand von den zur Wache herumgehenden »Circularmeistern« noch in Gasthäusern angetroffen, führten sie ihn in den Arrest. Von dort kam er nicht eher wieder frei, bis er mit dem Stockgeld noch zwölf gute Groschen Strafe bezahlt hatte. Wirte, die nicht mit dem Läuten der Bierglocke Schankschluß machten, hatten in jedem angetroffenen Falle ein neues Schock Groschen Strafe zu zahlen.

(Nach »Curiosa Saxonica« zit. bei Grässe, Bd. 2 Nr. 815)

V Glocken weisen den Weg

Die Glocke begleitet den gläubigen Christen durch das Leben. Sie ruft ihn zum Gebet, zum Gottesdienst und kann ihm auch in schweren Lebenslagen durch ihren Klang Mut geben. So wird sie ihm zu einer Wegweiserin im Glaubensleben. Es gab in der Vergangenheit, als die Verkehrsverhältnisse noch ungünstig, die Wälder dichter und die Besiedelung weitläufiger waren, gewiß des öfteren Fälle, daß sich Reisende oder Wandernde verirrten und durch den Klang einer Glocke auf den rechten Weg gerufen wurden. Was Wunder, daß sich die Sage solcher Fälle annahm. Oftmals werden Stiftungen auf derartige Errettung aus der Irre zurückgeführt oder aber nicht mehr erklärbare Läutetraditionen damit begründet. Solche Sagen von »Irrglocken« sind vor allem aus dem Norden der DDR bekannt.

74 Nach Karl Bartsch I, S. 537
Es gibt noch eine Variante dieser Sage: Ein Herr von Torgelow verfehlte im Schneetreiben den Heimweg und ging in die Irre. Der heimatliche Glockenklang half ihm auf den rechten Weg. Zum Andenken an diese Errettung stiftete er das Läuten an Winterabenden zwischen acht drei Viertel und neun Uhr. Noch Ende des vorigen Jahrhunderts soll der Nachtwächter, der das Läuten der Irrglocke zu besorgen hatte, von der Gemeinde Torgelow zehn Taler erhalten haben an Stelle von ehemals einigen Scheffel Brotkorn und einem Paar Stiefel. (Nach Karl Bartsch I, Nr. 531)

75 Nach Karl Bartsch I, Nr. 573
Auch ein Mann, der sich auf dem Eise des Ribnitzer Boddens verirrt hatte, soll in Ribnitz ein Abendläuten gestiftet haben. (Nach Alfred Haas, S. 37)

76 Nach Alfred Haas, S. 23
Von Heßberg und Schmalkalden wird erzählt, daß dort eine Adlige, entweder aus dem Geschlecht der Heßberger oder der Henneberger, donnerstags nach dem Gebetsläuten ein weiteres Läuten stiftete. Dafür erhielt der Schulmeister vier Maß Weizen und acht Gulden jährlich.
Eine ähnliche Sage knüpft sich an das Abendläuten in Hildburghausen, das im Winterhalbjahr um acht Uhr stattfand. (Nach Fritz Schilling, S. 97 f.)

77 Nach Otto Busch, S. 155 f.
Von dieser Sage gibt es noch eine Variante: Eine hohe Persönlichkeit – man nimmt an, ein Schenk von Vargula – hatte sich einst in den dichten Waldungen um Tennstedt verirrt. Tennstedts Name wird von Tannenstadt abgeleitet und deutet auf einstmals große Wälder hin.
Da erklangen die Tennstedter Glocken, die den Landmann zu Feierabend und Abendgebet rufen. Mit Hilfe dieses Klanges fand er zurück.
Aus Dankbarkeit stiftete der Gerettete der Kirche zu Tenn-

stedt eine hohe Summe Geldes, dessen Zinsen die Kosten des abendlichen Läutens bestreiten sollten. (Nach Otto Busch, S. 154 f.)

Den Ausdruck »Stimmen« für das Anschlagen der Glocke gebraucht auch Schiller in seinem Lied von der Glocke: »Und dauern wird's in späten Tagen ... und stimmen zu der Andacht Chor.«

78 Nach Fritz Schilling, S. 98

79 Nach Bezirks-Kabinett Erfurt, S. 9

VI Spuk und Scherz

Die Anhänglichkeit und Liebe, mit der die Menschen vor allem früher an den Glocken ihres Gotteshauses hingen, schließt ein, daß sie diese auch zum Gegenstand von Spuk- und Scherzgeschichten machten. Wer da zwischen den Zeilen lesen kann, wird manche Gesellschaftskritik und manche Lebensweisheit finden. So können wir aus der Sage von der Steinernen Frau bei Rosenberg (Nr. 82) lernen, daß derjenige, dessen Dichten und Trachten nur auf Mehrung seines Besitzes gerichtet ist, gleich einem Steine in diesem Streben erstarrt.

Wenn das Volk dem Glockengeläute manchmal einen kritischen Text unterlegte (Nr. 85, 87), dann hängte es die Schwächen bestimmter Personen oder Kreise im wahrsten Sinne des Wortes »an die große Glocke«. Jeder von uns weiß, daß gleichförmige Geräusche, denen wir Worte unterlegen, diesen Text gewissermaßen in den Kopf einhämmern. Jedesmal, wenn ein solches Geräusch ertönt, kommen auch die Worte wieder.

In den Sagen, die berichten, wie das Volk seine Glocken vorübergehend durch Tücher mißtönend machte, damit nicht etwa ein hoher Herr Lust auf sie verspürte, mag manche bittere Erfahrung mitschwingen. (Nr. 95)

Manche Sage wandert durch ganz Deutschland und ist in den verschiedensten Orten angesiedelt, wie z. B. die vom Salzunger Rathausglöckchen. (Nr. 93)

80 Nach Karl Bartsch I, Nr. 572

81 Nach Karl Bartsch I, Nr. 504

Tragischer Ausgang von Schabernack in der Kirche wird in vielen Geschichten berichtet. So wird überliefert, daß der Küster der Rostocker Marienkirche einst ein Dienstmädchen hatte, das keine Furcht kannte. Ohne Zögern ging es allein die Betglocke läuten: morgens um sechs Uhr, mittags um elf Uhr und abends um fünf Uhr. Es war verlobt mit einem

Schustergesellen, der dessen Unerschrockenheit auf die Probe stellen wollte.
In ein weißes Laken gehüllt, mit seinem großen schwarzen Hund an der Seite, vertrat er dem Mädchen den Weg, als es eben nach dem Abendläuten das Gotteshaus verlassen wollte. Der ausgestandene Schrecken warf es auf das Krankenlager, auf dem es nach drei Tagen starb. (Nach Karl Bartsch I, Nr. 523)
An einem ähnlichen Unfug durch den Verlobten soll die Tochter eines Küsters in Malchin gestorben sein. Den jungen Mann tötete der Gram über den Tod seiner Verlobten und die Reue über seine unüberlegte Tat. Er vermachte der Kirche sein Vermögen unter der Bedingung, daß allabendlich um neun Uhr, der Stunde seines Frevels und zum Gedenken der Todesstunde seiner Braut vom Turm zu blasen und zu läuten sei. Dieser Brauch war Ende des vorigen Jahrhunderts noch lebendig. Nur durch die Luke, die dem Küsterhaus gegenüberliegt, blasen die Musikanten nicht, weil sie dann von unsichtbarer Hand eine so derbe Maulschelle erhalten würden, daß sie am Morgen ein dickes Gesicht haben. Warum das so ist – davon weiß der Volksmund nichts auszusagen. (Nach Karl Bartsch I, Nr. 490)

82 Nach Karl Bartsch I, Nr. 592

83 Nach Rudolf Bügel, S. 12

84 Nach Edmund Ludwig Stein, S. 84

85 Nach Paul Sartori, S. 36 f.
Die Kirchenglocke von Teterow drückt den Stolz auf die Größe des Kirchspiels in den Worten aus:

»Bimm in, bamm in, bimm in bamm,
Söben Dörfer häv ick man:
Pampow, Grambzow, Lütten Köthel, Groten Köthel,
Lütten Roge und Groten Roge,
Mieckow, Mieckow, Mieckow!«

(Mitteilung von Pfarrer Dr. Martin Kuske, Teterow)
Die Glocke zu Wangelin ruft:

»Hagen, Wangelin, Liepen, Cramon is min,
Kraatz, Kraatz, Kraatz!«

Von einem wenig empfindsamen Gemüt zeugen die Worte, die ein Trauergast als Trost zu seinem Nachbarn sagte, als dessen Frau verstorben war: »Hüürst du nich, wat de Klocken seggen: ›Nimm 'ne annere, nimm 'ne annere!‹ «

86 Nach Alfred Meiche, Nr. 678

87 Nach Rudolf Schramm I, S. 74

88 Nach Heinrich von Kleist

89 Nach Paul Sartori, S. 78
90 Nach Fritz Schilling, S. 100
91 Nach Georg Brückner II und Robert Eisel, Nr. 789
92 Nach Fritz Schilling, S. 100
93 Nach Fritz Schilling, S. 99
Bekannt ist diese Geschichte auch von den Lalenburgern. (Nach Karl von Harten Nr. 39)
94 Nach Heinrich Pröhle und Friedrich Sieber, S. 170
95 Nach Paul Sartori, S. 138
Man änderte den Klang der Glocke auch mit Hilfe eines in den Glockenmantel geschlagenen eisernen Nagels, oder man bohrte ein Loch in die Glocke. Ob sich der dadurch entstandene Mißklang später wieder beseitigen ließ, darüber weiß die Sage nichts zu berichten.
Weniger riskant war es dann schon, einen dunklen Zwirnsfaden oder ein Pferdehaar auf Glocke oder Klöppel anzubringen, die dem Betrachter vortäuschten, die Glocke sei gesprungen und halte nur noch kurze Zeit. In einer Sage Siebenbürgens wird die Glocke wirklich dadurch zum Springen gebracht, daß man einen Seidenfaden darum zog und sie lange und kräftig läutete.
96 Nach Otto Busch, S. 163 f.
97 Nach »Zeitschrift des Vereins für Volkskunde«, 12. Jahrgang, 1902, S. 96

VII Anhang

98/100 Nach Adolf Wuttke, S. 195, 302, 399, 419, 529, 540, 614, 642, 695; Carly Seyfarth, S. 198, 233 f., 275; Heinrich Bergner, S. 210–222; Heinrich Otte, S. 41; Robert Hänsel, S. 163–169; »Thüringer Tageblatt« vom 31. 3. 1984; Heinrich Bergner (1899), S. 15; Paul Sartori, S. 77, 39 f.
Kehricht an den Zaun kehren – Der Zaun ist schon durch seine Bedeutung als Grenzmarkierung oft Stätte von Orakelsprüchen und Heilzauber. Zum Andreastag war das Zaunrütteln Volksbrauch. Unsere Vorfahren sahen im Zaun den Aufenthaltsort von Geistern.
101 Nach Robert Hänsel, S. 56 ff., 163–169; Paul Sartori, S. 78–87; Erwin Erdmann, S. 75 f.; Georg Büchmann, S. 246 f.; Fritz Schilling (1957), S. 120–123
Bei der Glockeninschrift an der Merseburger Glocke »Gloria« kann aber auch dem Glockengießer ein Irrtum unterlaufen sein, daß er statt einem vorgesehenen »turbore«, einer Passiv-

form, nur »turbor« angebracht hat. Sollte dies der Fall sein, dann würde der Spruch sinngemäß lauten:

»Wenn die Gloria ertönt, werde ich in Unruhe
versetzt; fern der Feind und das Feuer.«

In der »Oekonomischen Enzyklopädie« von Krünitz, einem Werk, dem Friedrich Schiller bei der Abfassung des »Liedes von der Glocke« wertvolle Hinweise entnahm, wird eine Glocke im Münster von Schaffhausen aus dem Jahre 1486 erwähnt, die die Inschrift trägt:

»Vivos voco, mortuos plango, fulgare frango«

Zu deutsch:

»Ich rufe die Lebenden, beklage die Toten,
breche die Blitze«

Alle späteren lateinischen und deutschen Glockeninschriften dieser Art sollen darauf zurückgehen. (Mitteilung von Pastorin Sylvia Kuster, Pfarramt Münster Schaffhausen, Schweiz)

Der Schleizer Glockengießer Markus Rosenberger wendete auf einer Glocke zu Münchenbernsdorf (1508) und auf einer zu Mißlareuth (1506) den Spruch in abgewandelter Form an:

»Die hochzeitlichen Feste beläut ich,
die schädlichen Wetter vertreib ich,
die Toten bewein ich«

Dem Schleizer Heimatgeschichtsforscher Robert Hänsel verdanken wir aufschlußreiche Forschungsergebnisse über den Brauch des Wetterläutens im Schleizer Land.

Obgleich nach der Reformation in den evangelischen Ländern das Wetterläuten 1543 abgeschafft wurde, erging im Schleizer Gebiet erst 1552 ein generelles Verbot. Im Visitationsbescheid von 1601 mußte es erneuert werden.

Am 4. September 1761 erließ Graf Heinrich XII. von Reuß-Schleiz eine Verordnung, wonach in allen Kirchdörfern beim Nahen eines Gewitters, besonders nachts, vom Schulmeister zu läuten war, auf daß »die Leute munter gemacht werden und bei Wetterschlägen zugleich zu den nötigen Rettungsmitteln gegriffen werden könne ...«

Als Entgelt erhielt der Läuter von jedem Hauswirt, der Felder besaß, jährlich eine Getreidegarbe.

Aus den Antworten der Pfarrer ging hervor, daß das Wetterläuten in Triebes und einigen anderen Dörfern schon seit langem wieder Brauch war, in Pahren seit mehr als hundert Jahren, wofür aber nur 22 Bauern die Wettergarbe gaben

102 Nach Heinrich Bergner, S. 178, 180, 302, 125; Wossidlo, S. 28; Satori, S. 164

103 Nach Martin Wähler, S. 204, 256; Heinrich Bergner, V, S. 220 f.;

Heinrich Bergner V, S. 210–222; Rudolf Linge, S. 20
Das »Salatglöckchen« hängt in einer sehr alten Kirche in Heimenstein, einem Ortsteil von Heiligenstadt, und wird während des Kirmesamtes zum Gottesdienst geläutet, früher auch an Sommertagen vom Küster in Heimenstein. (Nach einer Mitteilung des Bischöflichen Kommissariates in Heiligenstadt)

Literaturverzeichnis

1 Sagensammlungen u. a.

Alte und Neue Curiosa Saxonica, Dresden 1737
Arbeitsgemeinschaft »Louis Fürnberg« beim Kulturbund der DDR, Mühlhausen: »Die Riesen vom Burgberg«, Sagen aus dem Gebiet Mühlhausen, Erfurt o. J. (1982)
Arndt, Ernst Moritz: Märchen und Jugenderinnerungen, 1818, 1843
Bartsch, Karl: Sagen, Märchen und Gebräuche aus Mecklenburg, Bd. 1, Wien 1879
Bechstein, Ludwig: Thüringens Sagenschatz, Bd. 1, 2, hrsg. von Arthur Richter-Heimbach, Quedlinburg 1920
Bechstein, Ludwig: Thüringens Sagenschatz, Bd. 3, Meiningen und Hildburghausen 1837
Bechstein, Ludwig: Deutsches Sagenbuch, Meersburg und Leipzig 1930
Bezirkskabinett für Kulturarbeit Erfurt, Folklorezentrum, Mühlhausen o. J. (1982)
Börner, Wilhelm: Volkssagen aus dem Orlagau nebst Belehrungen aus dem Sagenbereich, Altenburg 1838
Bube, Adolf: Thüringische Volkssagen, Gotha 1837
Bügel, Rudolf: Sagen und Erzählungen zur Geschichte der Stadt und des Kreises Bernau, Bernau 1983
Busch, Otto: Nordwestthüringer Sagen, Mühlhausen 1926
Cramm, Walter: Sagenwelt des Harzes, Osterode/Harz 1954
Drechsel, Rudolf: Sagen und alte Geschichten aus dem Orlagau, Wernburg 1934
Eisel, Robert: Sagenbuch des Voigtlandes, Gera 1871
Erdmann, Erwin: Die Glockensagen, Wuppertal-Elberfeld 1931
Grässe, Johann Georg Theodor: Der Sagenschatz des Königreiches Sachsen, 1. Bd., Dresden 1874
Greß, Kurt: Holzlandsagen, Leipzig 1870
Größler, Hermann: Sagen der Grafschaft Mansfeld, Nachlese II, Eisleben 1880
Haas, Alfred: Glockensagen im pommerschen Volksmunde, Stettin 1919
Haas, Alfred: Usedom-Woliner Sagen, Stettin 1924
Haas, Alfred: Sagen des Kreises Grimmen, Greifswald 1925

Harrys, Hermann: Volkssagen, Märchen und Legenden Niedersachsens, 1. Abt., Celle 1840
Harten, Karl von: Das Lalebuch (1597) ... Halle 1914
Heinecke, Paul und Ost, Gerhard: Holzlandsagen (nach Greß), Jena 1967, 1968, 1978
Kreiskabinett für Weiterbildung der Lehrer und Erzieher und von Natur- und Heimatfreunden des Kulturbundes der DDR, Wittenberg 1978
Kuhn, Adalbert: Märkische Sagen und Märchen, Berlin 1843
Kuhn, Adalbert und Schwartz: Norddeutsche Sagen, Märchen und Gebräuche, Leipzig 1848
Lehmann, Heinz: Rügen – Sagen und Geschichten, Schwerin 1867.
Linge, Rudolf: Der Hahn auf dem Kirchturm. Die schönsten Sagen, Legenden und Geschichten vom Eichsfeld, Heiligenstadt 1978
Meiche, Alfred: Sagenbuch des Königreichs Sachsen, Leipzig 1903
Mitschke, Ellen und Paul: Sagenschatz der Stadt Weimar, Weimar 1904
Müller, Gottfried: Die Glocke vom Adlersberg. Sagen und Bilder aus der Landschaft zwischen Rhön und Thüringer Wald, Berlin 1978
Pasig, Gustav: Glockensagen. Separatdruck aus dem illustrierten Sonntagsblatt »Gotthold«, Cottbus 1880
Pesch, Johannes: Die Glocke in Geschichte, Sage, Volksglaube, Volksbrauch und Dichtung, Dülmen/W. 1918
Pröhle, Heinrich: Harzsagen, Leipzig 1886
Pröhle, Heinrich: Unterharzische Sagen, Aschersleben 1856
Quensel, Paul: Thüringer Sagen, Jena 1926
Reuper, Julius: Deutscher Sagenschatz, Stuttgart o. J. (um 1920)
Riedel, Helmut und Sünder, Michael: Sagen aus Mühlhausen – Mühlhäuser Beiträge, Sonderheft, Mühlhausen 1982
Saal, Walter: Die Sagen des Kreises Merseburg, Beiträge zur Geschichte und Kultur des Kreises Merseburg, Sonderheft 14, Merseburg 1973
Sieber, Friedrich: Harzlandsagen, Jena 1928
Schaefer, Walter: Im Zauber des Miriquidi. Die schönsten Sagen des Erzgebirges, Radolfzell 1934
Schmiedecke, Adolf: Die vergrabene Truhe. Sagen und Erzählungen aus den Kreisen Zeitz, Weißenfels und Hohenmölsen, Jena o. J. (1973)
Schneller, Christian: Märchen und Geschichten aus Wälschtirol, Innsbruck 1867
Schramm, Rudolf: Von Kirchen, Klöstern und Kapellen. Sagen aus dem Gebiet zwischen Saale und mittlerer Weißer Elster, Berlin 1983

Schramm, Rudolf: Die Wunderblumen vom Röschnitzgrund. Sagen und sagenhafte Erzählungen des mittleren Elstertales aus den Kreisen Greiz und Zeulenroda, Greiz 1979, 1981, 1988
Stein, Edmund Ludwig: Deutsche Domsagen, München o. J. (1927)
Temme, J. D. H.: Die Volkssagen der Altmark, Leipzig 1939 (Neudruck 1980, Weinhold Helmut, Wanderungen im Kirchenkreis Kahla, Berlin 1985)
Witzschel, August: Sagen aus Thüringen, Wien 1866
Woeller, Waltraud: Berliner Sagen. Miniaturen zur Geschichte, Kultur und Denkmalpflege Berlins, Berlin 1980
Wucke, Christian Ludwig: Sagen der mittleren Werra, der angrenzenden Abhänge des Thüringer Waldes, der Vorder- und der Hohen Rhön sowie aus dem Gebiet der fränkischen Saale, Eisenach 1891
Ziehnert, Wilhelm: Sachsens Volkssagen, 3. Bd., 1938

2 Zeitungen, Zeitschriften, Mitteilungen u. a.

»Glück auf«, Zeitschrift des Erzgebirgsvereins, 54. Jg. November 1934: Walter Fröbe: Glockenfund in Oberschlema
»Glück auf«, Kultur- und Heimatblatt der Kreise Aue und Schwarzenberg: Paul Seidel: Vom Schneeberger Bergglöckel
»Heimatbote«, Kulturspiegel für den Kreis Greiz, September 1984: Anita Waldmann: Friede sei ihr erst Geläute! – Glockensterben im zweiten Weltkrieg
Jahrbuch, Deutsches – für Volkskunde V, 1959
»Mecklenburg«, Zeitschrift des Heimatbundes Mecklenburg, 15. Jg., April 1918: Richard Wossidlo, Glockensagen und Glockenglaube in Mecklenburg
Mitteilungen des Vereins für Geschichte und Altertumskunde zu Kahla und Roda, Bd. 5: Heinrich Bergner: Zur Glockenkunde Thüringens, Kap. 8, Glockensagen und Glockenglaube
Mitteilungen des Vereins für Geschichte von Annaberg und Umgebung, 4. Bd., Annaberg 1916: Christian Lehmann, »Deutsche Kriegschronik« (Dreißigjähr. Krieg)
Jahrbuch des Kreismuseums Hohenleuben-Reichenfels 1954/55, Heft 4, Hohenleuben 1955: Werner Querfeld: Das Obere Schloß in Greiz
Sächsische Heimatblätter, Jg. 1961, Heft 7: Erich Hunger: Die Wüstung Jahnsgrün im oberen Hertmannsdorfer Forst
Schleizer Wochenblatt, Jg. 1829, Nr. 35
Schönburger Geschichtsblätter I, 1914/1915
Schriften des Vereins für Meiningische Geschichte und Landes-

kunde, Hildburghausen 1899, Heft 27, 33: Heinrich Bergner: Die Glocken des Herzogtums Sachsen-Meiningen
»Thüringische Landeszeitung« vom 31. 12. 1982, 8. 3. 1983, 22. 12. 1983, 17. 3. 1984, 12. 4. 1984
»Thüringer Tageblatt« vom 31. 3. 1984
Vogtländisches Jahrbuch, 4. Jg., Plauen 1926: Robert Hänsel: Das Wetterläuten im reußischen Vogtlande
»Volkswacht« vom 17. 11. 1983
Zeitschrift des Vereins für Volkskunde, Jg. 1891, 1903
Ohne Verfasserangabe: Wiedergefundene Glocke; in: »Thüringer Volk«, Greiz 1947, Nr. 125
Bald wird sie wieder schlagen! – In: »Das Volk«, Greiz 1950, Nr. 192

3 Sammelwerke, Lexika und Wörterbücher

Bächtold und Stäubli: Handwörterbuch des deutschen Aberglaubens, Berlin und Leipzig, 1927 bis 1942
Balkow, Karla, und Christ, Werner: Ortslexikon der Deutschen Demokratischen Republik, Berlin 1986
Beitl, Richard: Wörterbuch der deutschen Volkskunde, Stuttgart 1974
Bentzien, Ulrich: Rat zu, was ist das? Rätsel und Scherzfragen aus fünf Jahrhunderten, Rostock 1975
Borchard-Wustmann-Schoppe: Die sprichwörtlichen Redensarten im deutschen Volksmund, Leipzig 1954
Brückner, Georg: Landes- und Volkskunde des Fürstentums Reuß j. L., 2 Bde., Gera 1870
Büchmann, Georg: Geflügelte Worte, Zitatenschatz des deutschen Volkes, Berlin o. J.
Kirchen-Galerie der Fürstl. Reuß. Länder: 2. Abt., Die Ephorien Greiz-Schleiz-Lobenstein nebst dem Inspectionsamte Saalburg, Dresden 1843
Lexers, Matthias: Mittelhochdeutsches Taschenwörterbuch, Leipzig 1959
Lotter, Ernst: Auf einsamen Pfaden (Gedichtsammlung), Zeulenroda 1917
Mahrenholz, Christhard: Glockenkunde, Kassel 1958
Meyers Konversations-Lexikon, 16 Bde., 4. Aufl., Leipzig 1885 bis 1890
Otte, Heinrich: Glockenkunde, Leipzig 1884
Rosenkranz, Heinz: Ortsnamen des Bezirkes Gera, Greiz 1982
Schmidt, Berthold: Die Reußen. Genealogie des Gesamthauses Reuß älterer und jüngerer Linie, Schleiz 1903

Seyfarth, Carly: Aberglaube und Zauberei in der Volksmedizin Sachsens, Leipzig 1913
Wähler, Martin: Thüringische Volkskunde, Jena 1940
Wuttke, Robert: Sächsische Volkskunde, Dresden 1900
Wuttke, Adolf: Der deutsche Volksaberglaube der Gegenwart, Berlin 1869

4 Allgemeine und spezielle Darstellungen

Lippert, Elsbeth: Glockenläuten als Rechtsbrauch, Freiberg 1939
Sartori, Paul: Das Buch von den deutschen Glocken, I. Kap., Berlin und Leipzig 1932
Schilling, Fritz: Unsere Glocken, Jena 1954
Schilling, Fritz: Friede sei ihr erst Geläute, Berlin 1957
Schilling, Margarete: Glocken und Glockenspiele, Rudolstadt 1982
Schmidt, Hans H. F.: Zwischen Ohre und Elbe, Wanderungen zu den Dorfkirchen der Altmark, Berlin 1984
Stockmann, Doris: Der Kampf um die Glocken, in: »Der arme Mann 1525«, Berlin 1975

5 Archivalien

Staatsarchiv Dresden, Loc. 38117 (Jahnsgrün)

Geographisches Register
(Verzeichnis der hauptsächlichen Orts- und Gewässernamen im Sagenteil)

Die Zahlen weisen auf die Nummern der jeweiligen Sage, ein vorgestelltes A auf die zugehörige Anmerkung. Ein dem Ort nachgestelltes, in Klammern gesetztes W bedeutet Wüstung. Eine römische Zahl hinter dem A zeigt an, daß in der Einführung im Anhang zum jeweiligen Kapitel der Ort erwähnt wird. Damit der Leser den Ort der Sagenhandlung lokalisieren kann, folgen die Angabe des Bezirkes und hinter dem Schrägstrich des Kreises, in dem die Sage spielt, sofern bei heute nicht mehr vorhandenen Orten (z. B. Eingemeindungen) bekannt.

Orte

Gewässer

Inhaltsverzeichnis

VI Spuk und Scherz

VII Anhang

Beispiele für Glockenbräuche
und Glockenaberglaube

Redaktionelle Bearbeitung des Manuskriptes:
Dietrich Kühn

ISBN 3-374-00540-3

2. Auflage 1988

Lizenz 420.205-170-88. LSV 6450. H 5732
VA 004/II
Illustrationen: Hans Wiegandt
Gestaltung: Artur Liebig
Printed in the German Democratic Republic
Gesamtherstellung: Karl-Marx-Werk Pößneck V 15/30
00560